Über FaulenzA:

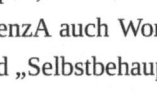

W0040279

faulenza.blogsport.de
springstoff.de
facebook.com/faulenza

FaulenzA spielt trans*female Rap und Singer/Songwriter-Musik. Sie ist eine trans*Frau und politische Aktivistin in queeren und linken Bewegungen. Sie fetzt die Normalität weg mit fetten, tanzbaren Rap-Beatz, oder nimmt die Gitarre und begleitet ihre Songs selbst. FaulenzA möchte dich zum Tanzen, Lachen und Weinen bringen. Sie versucht sich selbst stark zu machen und freut sich, in den Songs ihre Gefühle und Erfahrungen mit dir zu teilen. Ihre Musik ist ehrlich, intim und einfühlsam. Mal quatschig und lustig, mal melancholisch und warm, schön und zärtlich, oder wütend nach vorne gehend. Sie ist FaulenzA's Herzblut und Liebe. Sie ist ihre Wut, ihre Traurigkeit und Hoffnung. Sie ist ihre Welt aus Zuckerguss und Marzipan, mit Einhörnern und autonomen Mäusen.

Neben Konzerten bietet FaulenzA auch Workshops und Vorträge an zu den Themen „Trans*misogynie" und „Selbstbehauptung/Selbstverteidigung":

Selbstverteidigungs-/ Selbstbehauptungs-Workshop
– nur für FrauenLesbenTrans* und Inter*

Die meisten FrauenLesbenTrans*Inter*-Personen haben Grenzüberschreitung, Diskriminierung und Gewalt in unterschiedlichster Form erlebt. Oft tragen wir körperliche und psychische Verletzungen davon, ein Gefühl von Schwäche und Ohnmacht. Was wir dadurch oft vergessen, ist, dass wir alle stark sind! Da möchte ich gerne mit euch ansetzen: an unserer inneren Stärke, Widerstandskraft und unserem Überlebenswillen.

Die Vermittlung von Techniken möchte ich deshalb einbetten in eine Auseinandersetzung mit erfahrenen Grenzverletzungen. Wer mag, hat hier Raum, um über unangenehme Situationen zu reden. Wir könnten gemeinsam Handlungsmöglichkeiten überlegen und sie in Rollenspielen ausprobieren und üben. Wir üben selbstbewusstes Auftreten, geschärfte Wahrnehmung, klare Äußerungen, Grenzziehung und gezieltes Wehren. Wir wollen uns darin bestärken, unsere Gefühle wahrzunehmen und ernstzunehmen.

Wir können kräftig Dampf ablassen und unsere eigene Stärke fühlen, wenn wir gegen Schlagpolster boxen und treten. Ich zeige gezieltes Schlagen und Treten, die Befreiung aus Festhaltegriffen, die Schwachpunkte des Gegners und Verteidigungsmöglichkeiten am Boden. Dazu möchte ich mit euch Stimme und Körpersprache trainieren, um deutlich unsere Grenzen zu zeigen und NEIN zu sagen.

Es kann ein kurzer Workshop von 2 bis 2 ½ Stunden sein. Möglich wäre aber auch, dass der Workshop über einen ganzen Tag mit Pausen oder über zwei Tage geht. Möglich wäre es, den Schwerpunkt entweder auf Selbstbehauptung oder auf Selbstverteidigung zu legen.

In dem Workshop stelle ich nach einer inhaltlichen Einführung aktuelle Beispiele vor, die zeigen, dass selbst feministische Räume kein „safe space" für trans*Frauen sind. Diese können wir gemeinsam diskutieren: Was ist daran trans*misogyn? Wie könnten Texte, Veranstaltungsankündigungen, Sticker etc. anders gestaltet, geschrieben sein? Was kann getan werden, um feministische Räume inklusiver für trans*Frauen und trans*Weiblichkeiten zu machen? Wichtige Themen in diesem Workshop sind unter anderem:

- Trans*misogynie als ein Zusammenwirken von verschiedenen Diskriminierungsformen, nämlich: Frauenhass (Misogynie), Trans*feindlichkeit, Klassismus und Ableismus
- Trans*misogynie in queerer und feministischer Szene
- Frauen*Räume /FLT*I*Räume und Ausschlüsse von trans*Frauen
- das „Sozialisationsargument", mit dem Ausschlüsse von trans*Frauen begründet werden
- Trans*gender Day of Remembrance zum Gedenken der ermordeten Trans*menschen (größtenteils trans*Frauen of Colour)
- die diskriminierende Weise, wie im Feminismus manchmal Körperlichkeit thematisiert wird (z.B. Genitalien, Menstruation).

Inhalt

Entscheidet sich eine Gruppe dafür, ihren Frauenraum für trans*Frauen zu öffnen, heißt das noch lange nicht, dass sich trans*Frauen dort wohl und sicher fühlen, wenn ein großer Teil der Besucher_Innen sie ihre Ablehnung spüren lässt.

Hallo ihr Lieben,

eine Freundin hat mich letztens gefragt, warum ich mein Buch „Support your sisters not your cisters" nenne und nicht: „Support your sisters not **only** your cisters". Ob ich denn der Meinung wäre, mensch sollte nur trans*Frauen supporten und keine cisFrauen? Der Meinung bin ich natürlich nicht und das Missverständnis ist leicht aufzuklären: Für mich sind in ‚Sisters' alle Menschen mit gemeint, die sich eher im weiblichen Spektrum verorten, also ganz klar auch cisFrauen. Ich kenne den Slogan in beiden Varianten und habe mich einfach für die kürzere entschieden, weil es eh schon ein langer Buchtitel ist.

Voll schön, dass ihr euch mit Trans*misogynie beschäftigen möchtet! Ausschlüsse und Diskriminierungen gegen trans*Frauen finden in so vielen Formen überall in der Gesellschaft statt und sind auch ein großes Problem in der feministischen und queeren Szene. Sich damit auseinanderzusetzen ist leider überhaupt keine Selbstverständlichkeit und deshalb bin ich dankbar für euer Interesse. Ich freue mich, wenn Menschen solidarisch mit trans*Weiblichkeiten sind und uns als selbstverständlichen Teil von feministischen Bewegungen akzeptieren. Wenn aber zum Beispiel nach einer Frauenkampftag-Demo eine Party veranstaltet wird, die ausdrücklich trans*Frauen ausschließt und niemand zum Boykott aufruft oder dagegen protestiert, dann finde ich das nicht solidarisch. Dafür gibt es ein Wort und das heißt: „Trans*misogynie".

Trans*misogynie – das ist die Gewalt, die ich erlebe, seit ich denken kann. Ich bin mit ihr aufgewachsen, sie hat mich geprägt und geformt. Sie hat mich tief verwundet und klein gemacht. Immer wieder, jeden Tag, in unterschiedlichsten Formen. Mal durch offene aggressive körperliche, mal durch unterschwellige Gewalt. Ausgeschlossen werden, verprügelt, verlacht und respektlos behandelt werden gehört dazu. Die Art und Weise, wie Leute mit mir reden und über mich denken. Ich merke das in alltäglichen Situationen und Gesprächen, aber auch im Gesundheitssystem, in staatlichen Strukturen und im kulturellen Bild von trans*Frauen. Trans*miosgynie hat so viele Gesichter – auch in der (queer)feministischen Szene. Trotzdem ist der Begriff noch sehr unbekannt und

Trans*misogynie ist wenig Gegenstand von Auseinandersetzung und Diskussionen. Auch in der queerfeministischen Szene gibt es wenig Bewusstsein für diskriminierendes Verhalten gegen trans*weibliche Personen und wenig Selbstreflexion über cis^G- und trans*^Gmännliche Privilegien^G und Machtstrukturen innerhalb der Szene. (Dass Wörter mit einem hochgestellten „G" markiert sind, bedeutet, dass sie hinten im Glossar erklärt werden.)

Es tat mir so gut, dieses Buch zu schreiben – endlich meiner Wut, Traurigkeit und Hoffnung Raum zu geben und schmerzvolle und gute Erfahrungen zu teilen. Fühlt euch herzlich eingeladen, mit mir über meine Erlebnisse zu lachen, zu weinen und wütend zu werden, über meine Vorschläge für mehr Sensibilität und Support nachzudenken und euer eigenes Verhalten zu hinterfragen. Ich erzähle von vielen Situationen, in denen ich Diskriminierung, auch in der (queer) feministischen Szene, erlebt habe und zeige offensichtliche und weniger offensichtliche Beispiele für Gewalt gegen trans*Frauen. Auch ein paar Songtexte, die ich zu diesem Thema geschrieben habe, findet ihr hier abgedruckt.

‚Trans*misogynie' erkläre ich als ein Zusammenwirken von verschiedenen Unterdrückungsformen, nämlich: Frauenhass (Misogynie), Trans*feindlichkeit, Klassismus und Ableismus. Diese Wörter werden später noch erklärt.

Wie ich dies in der (queer)feministischen Bewegung zu spüren bekomme, ist ein Schwerpunkt dieses Buches. Immer wieder wird sogar in Frage gestellt, ob trans*feminine Personen überhaupt Zugang zu Frauenräumen oder FLT*I*-Räumen haben sollten. Es kommt zu verletzenden Diskussionen, zu offenen und stillen Ausschlüssen. Und entscheidet sich eine Gruppe dafür, ihren Frauenraum für trans*Frauen zu öffnen, heißt das noch lange nicht, dass sich trans*Frauen dort wohl und sicher fühlen, wenn ein großer Teil der Besucher_Innen sie ihre Ablehnung spüren lässt.

Ausschlüsse aus Frauen-Räumen werden oft damit begründet, dass trans*Frauen eine männliche Sozialisation^G hätten. Es ist mir ein großes Anliegen zu erklären, warum dieses Argument Schrott ist. Ich führe aus, dass Menschen, die sich im trans*weiblichen Spektrum verorten, in der feministischen Szene weniger Support beim Coming Out bekommen als Menschen, die sich im trans*männlichen Spektrum verorten. Es bleibt der Verdacht, dass wir ja „eigentlich" cisMänner wären und so wird unser Verhalten auch anders bewertet.

Auch gehe ich speziell auf die queere und Trans*-Community ein und möchte zeigen, dass es männliche Dominanz nicht nur unter cisMenschen gibt.

Trans*misogynie heißt auch körperliche Gewalt, die oft bis zum Tod führt. An statistischen Zahlen wird auch das Zusammenwirken von Trans*misogynie und Rassismus sichtbar.

Ich zeige Trans*misogynie in den Medien, wo trans*weibliche Personen exotisiert und lächerlich gemacht werden. Meine Beispiele entführen euch u.a. in die Welt von „Harry Potter" und „Das Leben des Brian".

Der zweite Schwerpunkt dieses Buches betrifft die Art und Weise, wie über Körperlichkeit geredet wird. Vom „Schwanz ab-Feminismus" zu „Menstruationsneid" werde ich auch hier einige Beispiele bringen, die zeigen, wie trans*Frauen durch biologistische^G Sichtweisen und Argumente ausgeschlossen und diskriminiert werden. Unter anderem bespreche ich den Song „If I had a" von der Rapperin Sookee und den Film „Vulva 3.0".

Bleibt noch die große Frage: „Was tun?" Nach meinen Vorträgen diskutieren wir oft lange darüber. Die Frage richte ich hier vor allem an Menschen, die nicht negativ^G von Trans*misogynie betroffen sind, obwohl Selbstempowerment (Selbstbestärkung) ein anderes wichtiges Thema wäre. Ich gebe viele Ideen, wie Menschen supporten (unterstützen) können, rege an, Räume inklusiver^G zu gestalten und lade zur Reflexion ein.

Ich schreibe hier nicht objektiv, sondern aus meiner persönlichen Perspektive. So bin ich mit erlittenen Diskriminierungen und genossenen Privilegien aufgewachsen, die mich geprägt und geformt haben und so ist mein Buch sicher fehlerhaft und unvollständig. Ich bin *weiß*-privilegiert. Ich bin eine trans*Frau, habe eine binäre Geschlechtsidentität und bin bisexuell. Ich habe Erfahrungen mit Ableismus und Klassismus. Ich habe einen Fachhochschul-Abschluss (Bachelor Soziale Arbeit). Ich versuche meine *weißen* Privilegien zu reflektieren und auch in diesem Text die Perspektive von Schwarzen und People of Colour nicht zu ignorieren, wie das viel zu oft im *weiß* dominierten Feminismus und auch mir selbst passiert. In diesem Büchlein schreibe ich über meine Erfahrungen. Und das sind die Erfahrungen einer *weißen* Person. Ich nenne hier zwar auch Beispiele für rassistische Diskriminierung, aber im Grunde ist das nicht meine Perspektive. Daher findet die Perspektive von Black and People of Colour leider nicht viel Raum in diesem Buch.

Ebenso kann ich nicht die Perspektive von Inter*Personen einnehmen und weiß nur wenig von den Lebensrealitäten und Forderungen von Inter*Menschen. Ich höre, dass von manchen Inter*Personen kritisiert wird, in der Queer-/ Trans*Szene immer so ungefragt mit aufgezählt zu werden, ohne dass Leute die Verschiedenheit der Lebensrealitäten und Forderungen von Trans* und Inter*menschen auf dem Schirm haben. Auch in diesem Punkt ist mein Buch unvollständig, da ich aus meiner Perspektive schreibe.

Ich glaube, dass die gesellschaftlichen Verhältnisse viel komplexer sind als ich sie hier in Beispielen darstellen kann oder als ich sie überhaupt verstehen kann. So kann ich nicht viel mehr tun als meine eigenen Erfahrungen mit euch zu teilen. Wenn ich mich also auf die queerfeministische Szene beziehe, dann auf die, die ich kennengelernt habe und das ist vor allem die *weiße* deutsche Szene.

Oft gibt es in einer Gruppe von Menschen unterschiedliche gesellschaftliche Unterdrückungsformen und Machtstrukturen und auch das Zusammenwirken von verschiedenen Diskriminierungen.
Menschen haben eben

„immer auch eine Herkunft, eine Hautfarbe, einen Körper mit einer bestimmten Befähigung oder Beeinträchtigung, eine (oder mehrere) geschlechtliche Identität(en), oder Zugehörigkeiten. […] Identitäten und Zugehörigkeiten sind fast immer mit Machtverhältnissen in der Gesellschaft verbunden. Anhand dieser Zugehörigkeiten verteilen sich gesellschaftlich Chancen und der Zugang zu Ressourcen, wie Bildung, Arbeit und Wohnraum.“ (LesMigraS, aus dem Reader „Trans im Job“, S.15)*

Das ist auch wichtig mitzudenken, wenn mensch über Personen und Konflikte redet. Da finde ich es wichtig, dass die Gruppe über alle Machtstrukturen in gleicher Wichtigkeit reflektiert und sich das Zusammenwirken klar macht. So verstehe ich das Wort „Intersektionalität". Ich konzentriere mich in diesem Buch auf „Trans*misogynie", da es kaum Wissen darüber und Sichtbarkeit dafür gibt. Ich finde, es kann auch wichtig sein, sich Dinge erstmal einzeln anzuschauen und klar zu machen, bevor mensch ein Zusammenwirken verstehen kann.

Ich hoffe, dass es mir gelungen ist, nicht zu viele schwierige Wörter zu verwenden. Mich selbst nervt so eine abgehobene Sprache voll, denn sie kann auch ausschließend sein. Der Text ist aber auch nicht in leichter Sprache geschrieben. Ich habe die Wörter, die mir als schwierig aufgefallen sind und für die mir nichts Besseres eingefallen ist, am Ende des Buches erklärt. Ich war mir nicht sicher, welche Schreibweisen ich für z.B, trans*Mann und cisMann nehmen soll. Es gibt unterschiedliche Positionen zu Groß- und Kleinschreibung, Sternchen oder kein Sternchen. Ich hab am Ende nach meinem persönlichen Geschmack entschieden, also z.B. bei trans*Frau, das ‚trans*' klein, weil ich lieber das ‚Frau' betonen mag. Und cisFrau ohne Bindestrich, weil ich den sonst auch bei trans*-Frau nehmen müsste und das sähe, meiner Meinung nach, zusammen mit einem Sternchen ein bisschen doof aus. Bei ‚Trans*misogynie' wird manchmal das ‚m' groß geschrieben. Das mache ich nicht, weil das für mich den Anschein macht, dass Trans*misogynie nur ein Zusammenwirken aus Trans*feindlichkeit und Misogynie wäre.

Ich bin nicht perfekt und auch selber geprägt durch meine Privilegien. So bin ich dankbar für Kritik. Auch sonst gerne Anmerkungen, Lob, Bauchschmerzen, Ideen... an: faulenza@yahoo.de

Zum Schluss möchte ich mich noch ganz herzlich *bedanken*: vor allem bei Farideh, dass sie dieses Buch immer wieder Korrektur gelesen und mir wertvolle Ratschläge gegeben hat, für Support und Freundinnenschaft! An Cora Schmechel fürs Lektorat, Formartieren, Support bei meiner Brust-OP und Freundinnenschaft; an Chrissi für die Gestaltung; an Cy (bis vor kurzem bei Edition Assemblage); an Lou von Edition Assemblage; an Mara H. und Finn für Freund_Innenschaft und Support bei meiner Brust-OP; an Yori Gagarim für die tollen Bilder; an alle anderen tollen Menschen von Edition Assemblage, an die Menschen, die ich leider vergessen habe und an euch, liebe Leser_Innen, für euer Interesse!

Ich wünsche euch ein ertragreiches Lesen!

Ganz liebe Grüße
eure FaulenzA

Los geht's mit einem Songtext. :-)
FaulenzA, Album: „Einhornrap"

Julian oder Juliane

Heißt du Julian oder Juliane? Was heißt denn hier Mann und Frau? Ich ahne,
dass es geben kann eine Welt aus Sahne, Zuckerguss und Marzipan.
Heißt du Julian oder Juliane? Malst du dir ein Einhorn auf die Fahne?
Sieh' mich nicht so an, eine Welt aus Sahne – ich glaub, dass es sie geben kann.

Du sagst, du seist 'ne Bio-Frau, ein Wort, das ich nicht klar check.
Bin ich vielleicht aus Kunststoff wie ein Roboter aus Star Trek?
Bio-Frau und Trans* – was stellst du dir wieder vor?
Dich gibt's nicht beim Gemüse, noch mich im Chemielabor.
Du als cis-Mensch brauchst in dieser Welt kein Coming-out,
giltst als richtig und normal, wirst nicht böse angeschaut,
wenn du 'ne Wohnung suchst oder dich auf einen Job bewirbst,
wenn du in Arbeit und Familie dein Pronomen korrigierst.
Du irritierst nicht, wenn du deinen neuen Namen nennst.
Angst und Glück ihn zu benutzen, ich glaub' nicht, dass du sie kennst.
Doch ich bin für meine Family immer noch nicht damenhaft
und so wird's noch lange dauern, bis sie meinen Namen rafft.
Auch dir soll ich's erklären, damit du mich akzeptierst?
Vielleicht in deiner Sprache mein Pronomen korrigierst?
Erklär' du mir deine Jacke oder deine neuen Schuhe!
Die Fragen find ich kacke, also lass mich mal in Ruhe!

Refrain: Heißt du Julian...

Danke, ich fühl' mich nicht geehrt, wenn jemand „er" zu mir sagt.
Die Welt ist wie Schokolade: immer fair auf dem Markt.
Oder kriegst du nur durch Pronomen einen Magenschlag
und das Gefühl, wenn ich darauf nichts zu sagen wag'?
Wenn ich mein' Namen sag und du nach meinem echten fragst,
denn mein Damenbart hat das Ausmaß von Karl Marx,
Nein, ich mag's nicht zu schwimmen an 'nem warmen Tag,
weil ich die Blicke und so nicht mal zu ahnen wag.

Wird auch deine Identität als krank abgehakt?
Wird auch dir oft der Zutritt zu Toiletten versagt?
Hätt' der WC-Kassierer dich fast bis Italien gejagt?
Wie oft wirst denn du nach deinen Genitalien gefragt?
Und seh'n dich Menschen falsch, deine Stimme, dein Gesicht?
Kennst du diese Frage: „Hab ich Passing oder nicht?"
„Wirk' ich gerade eher männlich oder eher weiblich?"
Du kennst nicht mal das Wort „Passing"? Da werd ich neidisch!
All das sind Privilegien, mach dir das mal klar!
Vielleicht nimmst du sie als selbstverständlich wahr,
aber das hier ist kein Battletrack, der nur so zum Streit disst,
hier spricht nur ne trans*Frau, die das Rechtfertigen leid ist.

R: Heißt du Julian...

Cis-Menschen müssen nicht beweisen, dass sie Cis sind,
bei Gutachter_innen, die das besser als sie wissen.
Sonst gibt's keine Korrektur, zum Beispiel in dem Reisepass.
Ich dreh's um, dann verstehst du, wie ich diese Scheiße hass'.
Er fragt dich: „Sind sie sicher, dass sie das wirklich wollen?
In dem Geschlecht zu leben, in dem sie leben sollen?
Und wie war ihre Kindheit, eher Fußball oder Puppe?
Und sind sie sich schon sicher seit ihrer Krabbelgruppe?"
Wenn du Glück hast, hat er dir geglaubt und dich gehört
Und er sagt, „Sie haben Recht, sie sind identitätsgestört.
Das ist besiegelt und beglaubigt durch die Gerichtsgewalten.
Gratuliere, sie dürfen ihren Namen nun behalten!"
Doch ein Gutachten reicht nicht, du musst zu einem Zweiten
und auch diesem Arschloch musst du deine Identität beweisen.
Doch der sagt: „Sie ein cis-Mensch? Das glaub' ich echt nicht.
Frau und kurze Haare? Das scheint mir sehr verdächtig."
All die Scheiße macht mir Angst und die kann ich mir nicht wegstecken,
kann sie auch nicht auswaschen, so wie Fettflecken.
Ich kann nicht Dreck lecken und glauben, dass es Erdbeer'n sein.
Ich kann nur kämpfen, weiß, da bin ich nicht allein.

1. Was ist Trans*misogynie?

Von Trans*misogynie sind nicht nur trans*Frauen negativ betroffen. Auch nicht-binäre trans*Weiblichkeiten, also z.B. Agender^G und Gender-Fluid^G, d.h. trans*Personen, die sich gar nicht als weiblich definieren oder kein Gender haben und die bei der Geburt als „männlich" eingeordnet wurden, erfahren häufig die Unterdrückung durch Trans*misogynie. Für's einfachere Lesen werde ich hier meistens entweder von „trans*Frauen", „trans*Weiblichkeiten", oder „Menschen, die negativ von Trans*misogynie betroffen sind" schreiben. Mit „Weiblichkeiten" oder „Männlichkeiten" meine ich sehr große Bereiche an Geschlechtsidentitäten. Ich schreibe das so, weil es viele Menschen gibt, die sich weder als Mann, noch als Frau bezeichnen würden, sich aber eher dem männlichen oder dem weiblichen Spektrum zuordnen. Viele Menschen würden sich keinem dieser großen Bereiche zuordnen. Mir fällt es leider schwer, in jeder Situation die Ausdrücke zu finden, die wirklich allen Menschen gerecht werden, aber ich gebe mir Mühe und bin dankbar für Kritik. Im Englischen wird manchmal von „assigned male at birth" und „assigned female at birth" gesprochen. Das heißt „bei Geburt männlich zugewiesen" und „bei Geburt weiblich zugewiesen". Ich verwende diese Ausdrücke aber nicht gerne, weil mir in dem „assigned male at birth" das „männliche" zu doll betont wird.

Trans*feindlichkeit als Teil von Trans*misogynie

Ihr kennt vielleicht das Wort *Trans*phobie*. Ich benutze lieber den Begriff „Trans*feindlichkeit", denn „Phobie" bedeutet „Angst" und Wörter wie „Hass" oder „Feindlichkeit" oder „Diskriminierung" gegen trans*Menschen beschreiben, meiner Meinung nach, das Problem besser. Cis gilt als Norm, als das „Natürliche" und Trans* als das, was von der Norm abweicht, als das „Andere". Trans*feindlichkeit ist ein Teil von Trans*misogynie, aber kann nicht als gleichbedeutendes Wort verwendet werden. Zum Beispiel machen trans*Männer viele Erfahrungen nicht, die trans*Frauen machen, weil sie (evtl. mit Einschränkungen) männliche Privilegien genießen.

„Trans*misogynie" ist zwar ein schwieriges Wort, aber ich finde es wichtig, spezielle Formen von Herrschaftsverhältnissen und Diskriminierungen mit einem Wort benennen zu können. Von Trans*feindlichkeit sind alle Trans*Menschen negativ betroffen. Alle werden von dem kulturell und strukturell uuunheimlich verbreiteten Zwei-Geschlechter-Denken unterdrückt. Also dadurch, dass die CisGesellschaft denkt, es gäbe natürlicherweise nur Männer und Frauen. So wird Menschen, die als „Männer" oder „Frauen" gelesen werden, etwa ein bestimmtes Rollenverhalten, bestimmte körperliche Merkmale und Heterosexualität zugeschrieben.

Besonders trans*Frauen sind oft nicht einfach kategorisierbar für diese CisLeute. Denn trans*Männer werden öfter als cisMänner gelesen, als dass trans*Frauen als cisFrauen gelesen werden. Das liegt auch daran, dass Menschen, die Testosteron nehmen, oft offensichtlichere Wirkungen erzielen, wie zum Beispiel Bartwuchs oder eine tiefere Stimme. Wenn Menschen Östrogene nehmen, wird aber nicht die Stimme höher, der Bart fällt nicht aus, das Kreuz wird nicht schmaler usw. Auch passen viele nicht-binäre Trans*identitäten und Inter*Personen nicht in diese Zwei-Geschlechter-Schubladen. Menschen, die dieses bescheuerte Zwei-Geschlechter-Denken auf die Probe stellen, stoßen oft auf Verwirrung, Irritation, Aggression und Hass.

Frauenhass (Misogynie) als Teil von Trans*misogynie

„Misogynie" ist Sexismus, und genau bedeutet es: „Hass auf Frauen" und „Abwertung von Frauen".

Dieses Denken ist in der Gesellschaft unheimlich stark verbreitet und sitzt so tief, dass es allzu oft ganz offensichtlich zu Tage tritt. Diese Abwertung ist aber auch alltäglich ganz unterschwellig wahrzunehmen. Mit so einer Selbstverständlichkeit, dass sie meist gar nicht in Frage gestellt oder auch nur als Misogynie wahrgenommen wird. Zum Beispiel das galante „Tür aufhalten" für die „Damen" oder dass Frauen weniger ernst genommen werden und von Männern oft eher belächelt werden. Das „Männliche" gilt als Norm und das "Weibliche" als das, was von der Norm abweicht, als das „Andere". Mit dem gesellschaftlich tief verankerten Frauenhass geht auch eine Feminitätsfeindlichkeit einher. Denn Eigenschaften und Verhaltensweisen, die als „feminin" angesehen werden, werden weniger wertgeschätzt als Qualitäten, die mensch mit „Männlichkeit" verbindet. Feminität gilt als oberflächlich, kindlich, süß, zickig, hysterisch und einfach nicht ernst zu nehmen. „Männlichsein" gilt als natürlich , ehrlich, authentisch, wohingegen „Weiblichsein" als gekünstelt und falsch gilt.

Viele Menschen stellen sich vor, dass trans*Frauen sich einfach aussuchen würden, dass sie Trans* sind. Sich also entscheiden: „Ab heute bin ich kein Mann mehr. Ich erkenne das ‚Männliche' nicht als das Ultimative, Überlegene an und wähle bewusst Weiblichkeit." So fühlen sich cisMänner in ihrer „männlichen Überlegenheit" bedroht und handeln oft aggressiv, wenn sie eine trans*Frau auf der Straße treffen. Da habe ich letztens einen schönen Spruch gehört: „Von Frauen wird gesagt, sie seien schwach, aber nichts ist zerbrechlicher als ein männliches Ego." Trans*Weiblichkeiten erinnern die Gesellschaft daran, dass „Frausein" und Feminität nichts ist, für das man sich schämen muss. Feminitätsfeindlichkeit ist meiner Meinung nach also ein wichtiger Teil von Trans*misogynie.

Im Wort Trans*misogynie steckt schon Trans*feindlichkeit und Misogynie. Trans*misoynie würde ich als ein Zusammenwirken von mehreren Diskriminierungen erklären: Trans*feindlichkeit, Misogynie und auch *Klassismus* und *Ableismus*.

Klassismus als Teil von Trans*misogynie

Klassismus bedeutet Diskriminierung aufgrund der sozialen Herkunft, der sozialen Position oder des Bildungsgrades. Wenn über Klassismus geredet wird, wird zum Beispiel zwischen Diskriminierung gegenüber Arbeiter_Innen (working class) und armen Menschen (poverty class) unterschieden.

„Klassismus ist ein bislang noch wenig bekannter Begriff zur Bezeichnung der individuellen, institutionellen und kulturellen Diskriminierung und Unterdrückung aufgrund des tatsächlichen, vermuteten oder zugeschriebenen sozial- oder bildungspolitischen Status'. Menschen in Armutsverhältnissen wird zum Beispiel gewalttätiges Verhalten oder Alkoholismus stereotyp unterstellt und medial inszeniert, obwohl diese Phänomene klassenübergreifend gleichermaßen vorkommen. Der Begriff Klassismus beschreibt die Erfahrung persönlicher Diskriminierung von Menschen als gesellschaftliches, strukturelles Problem."

(aus dem Beschreibungstext des Buches „Klassismus. Eine Einführung" von Andreas Kemper und Heike Weinbach, erschienen bei Unrast, 2009, https://www. unrast-verlag.de/gesamtprogramm/allgemeines-programm/politik-gesellschaft/ klassismus-265-detail)

Menschen, die von Trans*misogynie betroffen sind, sind auch besonders häufig von Armut und Wohnungslosigkeit betroffen.

*„Mehrere Studien verweisen auf eine hohe Diskrepanz zwischen der Qualifikation von Trans*Personen und ihren Beschäftigungsverhältnissen: Viele Trans*Personen arbeiten unter ihrer Qualifikation. Häufig werden Trans*Personen bei Beförderungen übergangen. Überdurchschnittlich viele Trans*Personen sind arm."*

Ich habe selbst zur Genüge die Erfahrung gemacht, wie schwer es ist als trans*Frau einen Job zu finden. Mit einem guten Zeugnis habe ich mich in vielen Kindergärten und anderen sozialen Einrichtungen beworben, aber nur Absagen bekommen. Und das, obwohl in dem Bereich so dringend gesucht wird. Die Absagen kamen zum Teil ganz offen mit der Begründung, dass es mit mir als trans*Frau ja nur Probleme geben würde, weil mich Eltern, Bewohner_Innen und so weiter nicht akzeptieren würden. Natürlich haben sie dabei betont, dass das gaaar nicht heißt, dass sie persönlich irgendwelche Vorbehalte hätten und, dass sie ja sooo tolerant wären. Und wenn ich mal einen Job hatte, musste ich ja auch erst mal mit den blöden Fragen und Sprüchen der Kolleg*Innen und Kund_Innen/Patient_Innen klarkommen. Auch beim Jobcenter war es nicht einfach. Die haben mich konsequent mit „Herr soundso" angeschrieben und auch gefordert, dass ich mich in ihrer Online-Jobbörse als „männlich" bewerbe. Auch hatte ich ständig die Angst, dass sie mich in einen Job stecken, in dem ich nur Diskriminierung erlebe und den ich dann nicht ablehnen darf. Und natürlich habe ich auch noch nicht alle meine Zeugnisse geändert, so dass in meiner Bewerbungsmappe unterschiedliche Namen auftauchen. Das macht sich beim Bewerben ja auch nicht gut. Diese Namen offiziell zu ändern kostet Zeit, Kraft und Nerven. Du musst dir ja erst diese psychologischen Gutachten und so holen. Für Menschen mit nicht-deutscher Staatsbürger_Innenschaft ist es da noch viel schwieriger in Deutschland Namen und Urkunden zu ändern, was nochmal mehr Nachteile und Diskriminierung bei der Arbeitssuche bedeutet.

**Menschen,
die von Trans*misogynie betroffen sind,
sind auch besonders häufig
von Armut
und Wohnungslosigkeit betroffen.**

„Als Transe kriegste kaum 'ne Stelle, wenn dann nur 'nen Kack-Job.
Da hab ich keinen Bock drauf, wie auf Kellnerin im Truckstop.
Den Antrag auf Hartz 4 stell' ich nicht aus Habgier,
soziale Hängematte ist bequem wie beim Fakir" (FaulenzA: „Mein
Diagnoseschlüssel", Album: Einhornrap)

Ich finde es wichtig zu sehen, dass nicht alle trans*Menschen in gleicher Weise von Klassismus negativ betroffen sind. Das hat ja auch viel mit dem sozialen Status der Herkunftsfamilie zu tun: Hast du klassistische Zuschreibungen von klein auf erlebt und deine Eltern auch schon? Wie leicht war es für dich, die Welt der Gymnasien und Universitäten zu verstehen, dich dort einzupassen und zurechtzufinden und dort Unterstützung zu bekommen? Konnten deine Eltern sich Nachhilfe leisten? Konntet ihr genauso in den Urlaub fahren wie die anderen aus der Klasse? Solche Fragen würden trans*Personen natürlich sehr unterschiedlich beantworten. So haben trans*Personen auch unterschiedliche Chancen / erleben unterschiedliche Diskriminierungen auf dem Arbeitsmarkt oder beim Jobcenter, je nachdem welchen Schul-, Ausbildungs- oder Uni-Abschluss sie haben usw.

Es macht auch durchaus einen Unterschied, wenn eine trans*Person zusätzlich noch von anderen Diskriminierungen betroffen ist. So ist es zum Beispiel für trans*Frauen of Colour und Schwarze trans*Frauen schwieriger eine gut bezahlte Arbeit zu finden als für *weiße* trans*Personen, eine trans*Person im Rollstuhl findet schwieriger Arbeit, als trans*Menschen, die keinen Rollstuhl brauchen. Und für trans*Frauen ist es schwieriger als für trans*Männer. Trans*Frauen sind zum einen deshalb benachteiligt, weil es in unserer patriarchalen Gesellschaft überhaupt für Frauen schwieriger ist sich zu behaupten und eine gute Arbeit zu bekommen. Dann, weil trans*Frauen in der Regel eher als trans*Person zu erkennen sind als trans*Männer, unter anderem, weil die Behandlung mit „gegengeschlechtlichen" Hormonen einfach weniger augenscheinliche Veränderungen bringt als für trans*männliche Personen. Für nichtbinäre Trans*Personen ist es noch auf andere Weise schwierig in der Arbeitswelt akzeptiert zu werden, wo sich die meisten keine Identität jenseits von ‚Mann und Frau' vorstellen können.

Schon die Vorstellung, dass trans*Personen überhaupt einen Job finden könnten, ist für viele so absurd, dass das Berliner Abgeordnetenhaus 2015 sogar eine ganze Ausstellung zu dem Thema „Trans in der Arbeitswelt" veranstaltet hat. Da hingen, wie in einem Museum, dann große Fotos von trans*Personen hinterm Gemüsestand, im Büro usw. Die Schaulustigen konnten sich hier diese „exotischen" Bilder angucken und das Abgeordnetenhaus damit prahlen, wie tolerant sie sind. Ich hoffe, die Ausstellung hat wenigstens auch ein paar trans*Personen Mut gemacht. Stellt euch mal vor, es gäbe eine Ausstellung „Cis in der Arbeitswelt". Niemand hat schlechtere Chancen auf dem Arbeitsmarkt, weil er_sie Cis ist. In Thailand wirbt die „PC-Airlines" damit, dass sie so nett sind und trans*Frauen als Stewardessen einstellen. Tatsächlich stellen trans*Frauen nur einen kleinen Teil ihrer Belegschaft dar. Diese wenigen wurden in speziellen Castings rekrutiert, wo sie diejenigen ausgesucht haben, die am besten in cis-normative weibliche Schönheitsnormen passen (siehe auch den Vortrag: „Trans* in der Arbeit" von Arn Sauer). Vor allem in nichtwesteuropäischen Gebieten arbeiten trans*Frauen häufig zu schlechten Arbeitsbedingungen in der Sexarbeit. Zu diesem Thema habe ich leider nicht so viele Informationen.

Trans*Weiblichkeiten haben also oft wenig Kohle. Daher können sie sich auch oft keine Laser-Bartentfernung leisten, die oft nicht von der Kasse übernommen wird. Daher haben sie oft zu wenig Geld, um sich schöne feminine Kleidung zu kaufen und daher müssen sie durch das Gesundheits- und Pathologisierungssystem, um z.B. eine Brustvergrößerung bezahlt zu bekommen. Deshalb hast du, wenn du arm bist, weniger Chancen auf Passing und wenn du kein Passing hast, hast du weniger Chancen auf eine gute Arbeit.

Statistische Zahlen, die das belegen, gibt es leider kaum. Das liegt, meiner Meinung nach, vor allem an der Unsichtbarkeit und Ignoranz zum Thema „Trans*misogynie". Es gibt mittlerweile ein bisschen Bewusstsein für die Diskriminierung von trans*Menschen im Allgemeinen, aber kaum dafür, dass es einen Unterschied macht, ob du trans*männlich oder trans*weiblich gelesen wirst und auch sonst nicht zu Mehrfachdiskriminierungen. Vielleicht ist es so wie auch unter cisMenschen, wo viele denken: „Ach wir haben ja alle die gleiche Rechte. Sexismus ist heute kein Thema mehr". Und genau diese Denkweise herrscht in der feministischen und queeren Szene vor, wenn es um trans*Menschen geht. Es gibt zum Beispiel eine europaweite Studie (Fundamental Rights Agency (FRA) (2014): Being Trans in the European Union), wo sehr viele LGBTIQ-Menschen nach ihren Diskriminierungserfahrungen auf dem Arbeitsmarkt befragt wurden. Es gab auch die Möglichkeit für die Befragten u.a. „trans*männlich" oder „trans*weiblich" anzukreuzen, sodass eigentlich ein Haufen von Zahlen zum Thema „Trans*misogynie" vorliegt. Sie müssten eben nur ausgewertet werden, d.h. auf Interesse stoßen. Tun sie aber nicht.

Vor kurzem kam ein Heft raus mit dem Titel: „Trans* im Job: Erst Tabubruch, jetzt selbstverständlich? Ein Reader über Trans*geschlechtlichkeit als Thema in der Arbeitswelt". Dieser Reader stellt viele Zahlen vor, schreibt aber immer nur von „Trans*Menschen" im Allgemeinen: 30% aller arbeitssuchenden trans*Menschen wurden bei der Arbeitssuche in den letzten 12 Monaten diskriminiert (EU). Oder 53% waren schon einmal negativen Kommentaren oder Verhaltensweisen auf der Arbeit ausgesetzt. *(„Trans* im Job", S. 19)*

Solche Zahlen würden ganz anders aussehen, wenn nach trans*weiblich und trans*männlich aufgeschlüsselt werden würde. Zu diesem Thema herrscht Unsichtbarkeit. Bei so viel Ignoranz werde ich verzweifelt und wütend. Im genannten Heft „Trans* im Job" gab es immerhin einen guten Beitrag von LesMigraS, dem Antidiskriminierungsbereich der Lesbenberatung Berlin, die eben genau nach Mehrfachdiskriminierungen fragen. So wurde das Thema in dem Reader immerhin mal kurz genannt:

*„Trans*Personen, die aufgrund mehrerer Zugehörigkeiten Diskriminierung erfahren, sind in (noch) höherem Ausmaß von Benachteiligung im Arbeitsleben betroffen: Trans*People of Color, Trans*Frauen, ältere Trans*Personen sowie Trans*Personen, die aufgrund ihrer Transition wesentlich jünger wirken, als sie sind, Trans*Personen mit Behinderungen und andere." („Trans* im Job: Erst Tabubruch, jetzt selbstverständlich? Ein Reader über Trans*geschlechtlichkeit als Thema in der Arbeitswelt", S.15)*

Wenn du arm bist,
hast du weniger Chancen
auf Passing,
und wenn du kein Passing hast,
hast du weniger Chancen
auf eine gute Arbeit.

Ableismus als Teil von Trans*misogynie

Ableismus verstehe ich als Diskriminierung von Menschen, die als ‚krank‘ gelten und Menschen, die behindert werden. Ich finde es schwierig, zwischen ‚körperlichen und psychischen Behinderungen/Erkrankungen‘ zu unterscheiden, habe bei diesem Abschnitt aber den Blick auf sogenannte „psychische Störungen", da Trans* an sich schon eine Psycho-Diagnose ist.

Es gibt ableistische Diskriminierung durch das Gesundheitssystem, Gesetze und Psychiatrie und so. Und es gibt Diskriminierung und Ausgrenzung dadurch, wie Menschen, die negativ von Ableismus betroffen sind, behandelt werden und die Barrieren, die ihnen in den Weg gelegt werden. Ableismus meint für mich auch den Prozess, dass bestimmte Fähigkeiten und Eigenschaften für bedeutend erklärt werden und der „Mangel" daran als „Behinderung" oder „Krankheit". So wird das „Normale" „normal" gemacht.

Auch beim Thema „Ableismus" macht die Herkunftsfamilie einen Unterschied. Wenn die Eltern als ‚psychisch krank‘ oder ‚behindert‘ gelten, erleben oft auch die Kinder Zuschreibungen und Diskriminierungen von außen. Werden Kinder von Eltern, die als ‚psychisch krank‘ gelten körperlich oder emotional vernachlässigt, oder_und sind verschiedenen Belastungen durch ihre Eltern ausgesetzt, kann das die Kinder negativ prägen.

„Nicht selten leiden betroffene Kinder unter Symptomen wie Ängsten, Stimmungsschwankungen oder Schuldgefühlen. Manche haben Alpträume oder zeigen andere gesundheitliche Beeinträchtigungen." (Reddemann, Dehner-Rau: „Trauma heilen" S. 21)

Das heißt natürlich nicht, dass Menschen mit sogenannter ‚psychischer Erkrankung‘ immer schlechte Eltern sind.

Klassismus und Ableismus spielen zudem auch da zusammen, wo es Menschen mit geringen Ressourcen (zum Beispiel Einkommen) auch oft schwerer möglich ist, einen gesundheitlich nachhaltigen Lebensstil zu leben, sprich auf ihre Ernährung und genug Bewegung und Erholung usw. zu achten.

Auch trans*Weiblichkeiten sind häufig negativ von Ableismus betroffen.

Im Sammelband „Gegendiagnose" (Edition Assemblage) gibt es einen spannenden Beitrag, der beschreibt, wie Feminität an sich schon in der Psychologie und in der Gesellschaft als „krank" gesehen wird. Dazu zeigen die Autorinnen auch interessante Beispiele und Studien.

„Das Besondere an diesem Bild ist, dass es als völlig natürlich und normal erscheint – in Weiblichkeit* scheint Verrücktheit schon mit angelegt zu sein. […] Wie beispielsweise in dem gerade aktuellen Film ‚La Vie d'Adele/Blau ist eine warme Farbe'. Aus unserer Perspektive wurde hier ein prototypisches Bild einer ‚verrückten', aber doch ganz ‚normalen' Frau* gezeichnet: Passiv, viel weinend, sinnlich, sündig, fürsorglich, sich über ihre Beziehung definierend und irgendwie nicht handelnd (Aus Normalisierungsperspektive: ‚emotional instabil', ‚depressiv', ‚hysterisch'). " (Fiona Kalkstein/Sera Dittel: Zur Ver_rückung von Sichtweisen. In: Gegendiagnose, S. 212)

Leider übersehen die Autorinnen im weiteren Text viele Trans* und Inter*-Personen: *„Es lassen sich ‚psychische Störungen' finden, die nur Frauen* betreffen: ‚postnatale' (nach der Geburt eines Kindes), ‚prämenstruelle' und ‚menopausale' ‚Störungen'."* Diese „Störungen" betreffen nicht nur Frauen, sondern zum Beispiel auch viele trans*männliche Personen. Viele Frauen dagegen können diese „Störungen" (leider) nicht betreffen. Zum Beispiel mich. Trotzdem finde ich den Artikel wichtig und gut.

Für trans*Frauen kommt zu dieser Pathologisierung von Weiblichkeit, dass „Trans*Sexualität" als eine sogenannte „geistige Krankheit" gilt. So erleben wir Diskriminierung durch das Gesundheitssystem. Um meinen Namen und Personenstand ändern zu können und auch für die Kostenübernahme für die sogenannte „geschlechtsangleichende" Operation, musste ich mir erstmal die Diagnose der "Persönlichkeitsstörung F64-0 Transsexualismus" holen. So steht es im blöden offiziellen Krankheitskatalog „ICD10". Dann musste ich 1 1/2 Jahre Zwangstherapie machen, zu der Frage, ob ich wirklich Trans* genug bin, um die OP machen zu dürfen. Und ich musste zu weiteren Psycholog_Innen gehen, um mich von ihnen in mehreren Sitzungen begutachten zu lassen. „Mit wem haben sie wie Sex? Wann und wie haben sie gemerkt, dass sie im falschen Körper sind? Beschreiben sie ihr Genital! Wie groß sind ihre Brüste? Was für Unterwäsche tragen sie?....." (Ohne Scheiß!) Als ich dem einen Psychologen zum Beispiel die Antwort auf seine Unterwäschenfrage verweigert habe, hat er sich vor Lachen gar nicht mehr eingekriegt und hat gesagt, er findet es süß, dass ich rot werde. Leider habe ich mehr Fragen beantwortet als ich wollte, denn ich hatte Angst, die Psycholog_Innen zu verärgern und später kein gutes Gutachten zu bekommen. Das ganze Verfahren ist entwürdigend, grenzüberschreitend und diskriminierend.

Menschen, die als „geisteskrank" gelten, werden von vielen Menschen abgewertet und schlecht behandelt. Auch trans*Menschen erfahren diese Abwertung und Diskriminierung. Trans*Frauen sind zudem besonders häufig von sogenannten „psychischen Krankheiten" betroffen, wie zum Beispiel Depressionen, Suchtkrankheiten und Suizid (Selbstmord). Über 30% der trans*Menschen begehen mindestens einen Selbstmordversuch im Erwachsenenalter (Quelle: Benachteiligung von Trans*Personen, insbesondere im Arbeitsleben. Franzen und Sauer 2010). Viele trans*Menschen haben ein schlechtes Verhältnis zu ihrem Körper und das macht ja auch nicht gerade gute Laune. Genauso wenig, wie all die Diskriminierungs- und Gewalterfahrungen, die wir ein Leben lang machen. Folgen und Bewältigungsstrategien davon werden dann wieder pathologisiert und nennen sich zum Beispiel „Depression, Sucht, Borderline, Bulimie, Posttraumatische Belastungsstörung" usw. In dieser ableistischen Sichtweise wird der Fehler allein in uns gesucht und nicht in der heteronormativen Zwei-Geschlechter-Scheiß-Welt. Zum Beispiel, wenn du dich nicht mehr nach draußen traust, dann liegt das wohl an dir und nicht an den Menschen, die dich auf der Straße diskriminieren. Das nennt sich dann ‚Angststörung'. Da kann sich die Gesellschaft entspannt zurücklehnen und sagen: „Ach ja, die armen verrückten trans*Menschen mit ihren Psychoproblemen."

Neben der Diagnose „Transsexualität" (F64-0) wird auch „Transvestitismus" als psychische Störung angesehen (F64-1). Gemeint sind Menschen, die „gegengeschlechtliche" Kleidung tragen, ohne den Wunsch nach körperlichen Veränderungen zu haben und die die zeitweilige Zugehörigkeit zum „anderen" Geschlecht erleben wollen. Unterschieden wird noch der „fetischistische Transvestitismus" (F65.1). Damit werden Menschen diagnostiziert, die „gegengeschlechtliche" Kleidung aufgrund von sexueller Erregtheit tragen. Obwohl es auch Transvestit_Innen gibt, deren zugewiesenes Geschlecht weiblich ist, sind vor allem Personen im Blick, deren zugewiesenes Geschlecht männlich ist, wenn über Transvestitismus geredet wird. Das gesellschaftliche Bild von Transvestitismus ist ein „Mann mit Damenunterwäsche" und nicht eine „Frau in Boxershorts". Als Motiv für das Tragen dieser Unterwäsche (um im Beispiel zu bleiben) gilt die sexuelle Erregung. Wenn ich nun daran denke, dass trans*Weiblichkeiten im gesellschaftlichen Bild übersexualisiert werden, erscheint mir dies als eine mögliche Erklärung dafür, dass Menschen denken, Transvestit_Innen wären ausschließlich Menschen, deren zugewiesenes Geschlecht männlich ist. Wenn du eine OP oder Namensänderung möchtest, checken psychologische und ärztliche Gutachter_Innen dich in stundenlangen schmerzvollen Gesprächen ab, ob du vielleicht gar nicht „trans*sexuell", sondern „Transvestit" bist, dem es eigentlich um sexuelle Erregung geht. Und dies tun sie vor allem bei Menschen, deren zugewiesenes Geschlecht „männlich" ist. So wurde ich noch nie so eingehend nach meiner Unterwäsche befragt wie in diesen Gutachten-Gesprächen. Was für Unterwäsche tragen sie? Mit Spitzen? Oder Rüschen? Bevor ihr auch auf die Idee kommt, mich danach zu fragen, veröffentliche ich hier exklusiv ein Zitat aus einem meiner Gutachten: „Es wird weibliche Oberbekleidung getragen. Als Unterwäsche trägt er weibliche Wäsche (sagt es nicht genauer)". Das lass ich jetzt einfach mal so steh'n.^^

„F64-0 ist meine Diagnose. Eure Krankheitsbilder sind für mich nur Quatsch mit Soße!
Ihr sagt, ich bin krank? Also rette sich wer kann! Verpisst euch! Denn sonst stecke ich euch an!" (FaulenzA – Mein Diagnoseschlüssel)

Trans*misogynie als Zusammenwirken von Trans*feindlichkeit, Misogynie, Klassismus und Ableismus

Trans*Weiblichkeiten werden von der Gesellschaft also im Hinblick darauf bewertet, wie die Gesellschaft „Trans*" bewertet, wie sie „Feminität" bewertet, wie sie „Armut" bewertet und wie sie „psychische Krankheit" bewertet. Menschen, die negativ von Trans*misogynie betroffen sind, erfahren ein Zusammenwirken von all dem. Dieses Zusammenwirken ist nicht einfach eine Addition, also ein Zusammenzählen dieser Unterdrückungsmechanismen, sondern das Zusammenwirken erzeugt etwas Neues: „Trans*misogynie". In Wahrheit ist das alles bestimmt noch viel komplizierter. Aber so ist es eben, wie ich das verstehe und erklären kann.

Das führt dazu, dass Leute sich über uns lustig machen in ihrer Party-Männer-Gruppe; glauben, es ist ok, uns ungefragt anzufassen oder die intimsten Fragen zu stellen, uns zu verprügeln, aus Freund_Innenkreisen und Familie auszuschließen uns einfach nicht ernst zu nehmen. Trans*misogynie bedeutet Ausgrenzung, Aggression und Exotisierung[G].

CisPersonen und trans*Männlichkeiten glauben, sie könnten an uns ihre Wut auslassen, mit uns reden, als wären wir Kinder, uns ins Wort fallen und unterbrechen, uns für dumm halten und uns das merken lassen. Sie rufen uns „Schwuchtel", „Perverser", „Tucke" oder „scheiß Transe!" hinterher. „Transe" und „Tucke" sind Schimpfwörter, mit denen scheiß Leute vor allem trans*Weiblichkeiten beleidigen und feminin wirkende Männer. Manche trans*Weiblichkeiten eignen es sich auch als Selbstbezeichnung an, andere lehnen es ab.

Trans*misogyne Diskriminierungen erlebe ich tagtäglich in offensichtlichen und unterschwelligen Situationen. Auch in queeren Gruppen. Das gibt mir ein Gefühl von ausgeschlossen sein und allein sein. Und es schlägt mit der Zeit auf mein Selbstwertgefühl, wenn Menschen mich so respektlos behandeln. Es sind auch kleine Situationen, wie wenn ich etwas gefragt werde und die cisPerson neben mir antwortet, bevor ich auch nur die Gelegenheit hatte. Vielleicht ist sie selbstsicherer als ich und/oder hält mich nicht für kompetent genug. Ähnliches erleben trans*Frauen auch in Jobs, also dass ihnen weniger zugetraut wird als anderen und sie wie eine Praktikantin aus der 10. Klasse behandelt werden. Das stärkt dann auch nicht das Selbstbewusstsein in der Arbeitswelt. Ich erlebe, dass Menschen mit mir in einer respektlosen Weise reden, die sie sich bei anderen nie trauen würden. Wenn ich von Beispielen von Trans*misogynie erzähle, sagen auch manchmal Leute, dass das an mir läge wie ich behandelt werde, weil ich so unselbstbewusst rüberkomme oder so. Aber dass viele trans*Weiblichkeiten so unselbstbewusst rüberkommen, liegt auch an all der Scheiße, an der trans*weiblichen Sozialisation und allem. Wenn ich etwas anspreche und kritisiere, wird mit Abwehr reagiert und mir wird gesagt, ich sei ja nur übersensibel, hysterisch oder ich vertrüge meine Hormone nicht. Kotz! Auch das ist Trans*misogynie.

Schwarze trans*Frauen und trans*Frauen of Colour erleben solch respektlose Behandlung und Gewalt besonders schlimm und machen noch andere Diskriminierungserfahrungen, die ich mir nicht mal vorstellen kann. Denn sie erleben das Zusammenwirken von Trans*misogynie und Rassismus. Auch cisMenschen of Colour, besonders Cis-Frauen of Colour, erleben Gewalt und Diskriminierung auf der Straße, im Job und auf Wohnungssuche, erleben ähnliche und noch ganz andere Ausschlüsse als *weiße* trans*Frauen. So kann ich natürlich nicht allgemein sagen, dass solche Diskriminierungen trans*Frauen erleben und cisMenschen nicht. Da möchte ich andere Diskriminierungsformen und Mehrfachdiskriminierungen nicht vergessen.

Trans*misogynie ist auch, dass Leute uns nicht als individuelle Persönlichkeit wahrnehmen, sondern nur als „Transe". Wenn ich jemanden kennenlerne und mit ihm_ihr ins Gespräch komme, passiert es oft, dass ich die erste halbe Stunde erstmal nur über meine Trans*Identität und meine diesbezüglichen Erfahrungen ausgefragt werde. Dabei gibt es so viel mehr, was meine Persönlichkeit ausmacht, so viel mehr, worüber wir reden könnten, was ich erzählen könnte. Als Person nur auf das Thema „Trans*" reduziert zu werden, nervt mich oft.

Eine Trans*Freundin von mir hat mir letztens erzählt, dass sie mehrmals gefragt wurde, ob sie nicht "FaulenzA" ist. Sie macht gar keine Musik und wir sehen uns auch überhaupt nicht ähnlich. Wir werden nur verwechselt, weil wir beide trans*Weiblichkeiten sind. Auch hier kann ich nicht sagen, dass cisMenschen diese Erfahrung nicht machen, denn zum Beispiel Black People und People of Colour oder Menschen im Rollstuhl werden Ähnliches kennen.

Auch habe ich manchmal das Gefühl, dass ich nicht als Musikerin und Künstlerin ernst genommen werde, sondern dass Leute in erster Linie die trans*Frau in mir sehen – eine trans*Frau eben, die kurioserweise auch Musik macht. Sehr exotisch. So werde ich meist nur auf Veranstaltungen eingeladen, die speziell zum Thema „Trans* und Queer" sind. Ich trete auch sehr gern bei queeren Events auf, denn dort ist meine Family und ich freue mich, wenn meine Kunst andere queere Menschen empowert. Ich finde es nur schade, dass bei allgemeineren Musikfestivals und Events lieber andere eingeladen werden. Die Veranstalter_Innen sehen in mir die trans*Frau und nicht einfach eine gute Musikerin. Und eine trans*Frau zu buchen fänden viele zu „speziell", das spricht zu wenig

Leute an. Also: „Ab in die Nische mit dir!" So habe ich kaum eine Chance, dass meine Musik ein breiteres Publikum erreichen kann. Ich freue mich über Einladungen zu Konzerten, über Menschen, die meine Konzerte besuchen, meine Beiträge auf Facebook teilen, über jeden Klick und Like auf Youtube und Soundcloud, über Menschen die mich durch den Kauf von CDs und Merchandise unterstützen. Ich freue mich über euren Support und habe weiterhin das Motto: „Reclaim the stage".

FaulenzA, Album: „Einhornrap"

Mein Diagnoseschlüssel

Wie seh'n mich die ander'n, die hier durch die Straße wandern?
Manche schauen flüchtig oder starr'n mich provokant an.
Hab versucht mich zu verstecken, nur nicht auffall'n und ich fand dann,
dass mir die Denke Kraft zieht und ermüdet wie der Sandmann.
Oft verstumm' ich noch im Alltag, traue mich nicht laut zu sprechen,
nur ein Flüstern, ich versuche auszubrechen,
doch hab Angst, dass sie denken, meine Stimmer ist zu tief,
dass sie mich nicht als Frau erkennen macht mein Stimmungstief.
Intuitiv will ich nicht auffall'n, bin gestylt und frisch rasiert,
dekorativ mit dick Make-up, dann ist niemand irritiert.
Denn nur so bring ich kein Zwei-Geschlechter-Denken durcheinander
und werd nicht angefeindet, wenn ich durch die Straßen wander.
Mal hab ich das Gefühl, dass ich in ihr Weltbild passe,
dann nennt mich einer „junger Mann", ich merk, wie ich ihn hasse.
Ja, ich hasse euch, das Cis-System ich kenne da kein Mitleid,
wenn ihr über meine Grenzen geht, ich gönn euch keinen Schritt breit.

F64-0 ist mein Diagnoseschlüssel, eure Krankheitsbilder stopfe ich in die
Toilettenschüssel!
Ihr sagt, ich bin krank? Also rette sich, wer kann!
Verpisst euch! Denn sonst stecke ich euch an!
F64-0 ist meine Diagnose, eure Krankheitsbilder sind für mich nur Quatsch mit Soße!
Ihr sagt, Trans* ist krank, das macht alles keinen Sinn.
Zum Glück sag ich den Ärzten nicht, dass ich ein Einhorn bin!

Ich bin stolz! Mit der Schüchternheit ist endlich zum Verrecken Schluss.
Kein Bock, dass ich mich permanent in dieser Welt verstecken muss.
Red' mit mir normal, nicht wie mit ,nem kleinen Kind!
Wahrscheinlich fragst du dich, ob ich den Weg nach Haus alleine find.
Du siehst mich nur als Alien, als Schwuchtel, kotzt mich an!
Oder bestenfalls als Frau, die fast so aussieht wie ein Mann.
Geht klar, ich bin die Alien-Schwuchtel-Transe.
Geht klar, I love it. Ich bleib die Frau, die dir mit ihren Highheels in den Arsch tritt.
Als Transe kriegste kaum 'ne Stelle, wenn dann nur 'nen Kack-Job.
Da hab ich keinen Bock drauf, wie auf Kellnerin im Truckstop.
Den Antrag auf Hartz 4 stell' ich nicht aus Habgier,
soziale Hängematte ist bequem wie beim Fakir.
Da seh' ich plötzlich eine Trans*Person dort vorn.
Manchmal zeigen wir uns, wir sind nicht das letzte Unicorn.
Und wir zwinkern solidarisch, lächeln uns bestärkend an.
Dann freue ich mich, dass sie mich als Trans* erkennen kann.

Wir sind
mit erfahrenen   Diskriminierungen
und Privilegien aufgewachsen
und haben gelernt zu diskriminieren
Daher hören Privilegien
und Machtstrukturen in der Szene
nicht einfach auf zu existieren.

2. Trans*misogynie in der (queer)feministischen Szene

So ganz Seifenblase ist die feministische und die queerfeministische Szene ja leider auch nicht. Wir sind aufgewachsen mit erfahrenen Diskriminierungen und Privilegien und haben gelernt zu diskriminieren. Daher hören Privilegien und Machtstrukturen in der Szene nicht einfach auf zu existieren. Räume und Gruppen sind hier meist *weiß*, able-bodied, middle class, (...) dominiert. Und sie sind dominiert von cisFrauen und von trans*Männlichkeiten. So erlebe ich auch Trans*misogynie und überhaupt die Abwertung von Feminität in der (queer) feministischen Szene.

Ich habe das Gefühl, dass alles, was von der Gesellschaft her als „weiblich" gilt, hier oft negativ bewertet wird. Feminine Kleidung und Schmuck, Make-up, Styles und Accessoires, aber auch Verhalten, Gestik, Hobbies usw. Alles uncool und tussig. Jogginghose = cool, Minirock = tussig, rational sein = cool, emotional sein = uncool usw. Vielleicht kommt diese Feminitätsfeindlichkeit aus einer Ablehnung der weiblichen Rolle. Viele Menschen lehnen die weibliche Rolle ab, die ihnen von der Gesellschaft aufgezwungen wird und werten all das ab, womit die Gesellschaft „Weiblichkeit" herstellt. Dagegen eignen sie sich Styles und Verhaltensweisen an, die als „männlich" gelten und die in der Szene dann auch als „stark" und „empowernd" gelten. Das ist so ein ‚Reclaim'-Gedanke: „Die Gesellschaft sagt, Frauen sind emotional, schwach, weich und zurückhaltend, deshalb geben wir uns jetzt rational, stark, hart, und raumeinnehmend. Die Gesellschaft sagt, wir sollen uns hübsch machen für die Männer mit Make-up, Minirock und weitem Ausschnitt und da haben wir keinen Bock drauf." Das will ich auch niemandem absprechen und ich kann mir vorstellen, dass es vielen Menschen gut tut. Was mir nicht gut tut ist, wenn alles, was als feminin gilt, abgewertet wird und dass es Leute unfeministisch finden, wenn ich mich feminin style. Sie denken nicht daran, dass sie aus einer Cis-Perspektive reden und trans*Weiblichkeiten übersehen. Für mich sind all die feminin zugeschriebenen

Dinge manchmal voll wichtig, um mich schön zu fühlen, um meine Weiblichkeit zu zeigen und zu feiern.

In einem Vortrag hat mir letztens eine cisFrau gesagt, dass cisFrauen die „Feminität" ja gesellschaftlich aufgezwungen werde und dass sie deshalb das Gefühl hat, dass trans*Frauen, die sich sehr feminin geben, sich darüber lustig machen und das veralbern. Und mit einer siegesgewissen Miene wollte sie nun wissen, was ich denn zu diesem stichhaltigen Argument zu sagen habe. Hä?! Das ist halt genau das. Ich glaube nicht, dass sie jemals einer cisFrau, die sich feminin gibt, vorgeworfen hat, dass sie sich über Feminität lustig macht. Für mich hört sich das eher so an, dass sie trans*Frauen nicht als Frauen akzeptiert und schon den Anblick einer trans*weiblichen Person lächerlich findet. Ähnliche Argumente habe ich schon häufig gehört und mich auch mit anderen trans*Ladies darüber ausgetauscht. Eine Freundin hat es einmal so ausgedrückt, dass manche cisFrauen ihre weibliche Rolle ablehnen und sie diese Ablehnung dann auf trans*Frauen projizieren. Dann kommt eben sowas wie: „Uns wurde das Feminine aufgezwungen und die performen das so ganz akzentuiert und ‚übertrieben'. Das macht mir kein gutes Gefühl, die machen sich über uns lustig". Da steckt auch der Gedanke drin, dass sich trans*Frauen aussuchen würden Frau und/oder feminin zu sein: „Mir wurd' es aufgezwungen und die entscheiden sich bewusst dafür." Über trans*Frauen denken viele cisLeute, dass sie ihre privilegierte Position als „Männer" aufgeben und ihre vermeintlich männlichen Privilegien abgeben. Auch mir haben schon Cis-Feministinnen gesagt, ich würde mich selbst gesellschaftlich im Status tiefer setzen durch meine Transition und mein Coming-out und so. Das ist voll der Scheiß. Die Cis-Gesellschaft ist es, die uns abwertet, nicht wir selbst!

Ich bewege mich schon einige Jahre in der westlichen queerfeministischen Szene und würde sie im weiteren Sinne auch als mein Zuhause bezeichnen. Auch vor meinem Coming-out war ich mit Menschen befreundet, die queerfeministisch aktiv waren, besuchte gerne Szene-Orte, Veranstaltungen und saugte überhaupt alles gierig auf wie ein Schwamm. Ich konnte viel lernen und Freund_Innenschaften schließen, lernte trans*Menschen kennen, wenn auch zunächst nur trans*Männlichkeiten. Hier fühlte ich mich wohler als in anderen linken oder schwulen Räumen. Allerdings merkte ich auch sehr schnell, wie hier über trans*Frauen gedacht wurde. Ich würde es als eine Mischung aus Belächeln, Skepsis und offener Ablehnung bezeichnen. Ich weiß noch gut, wie ich damals in meinem Tagebuch den Entschluss festhielt, dass ich mich nicht offen als Frau zu erkennen gebe, weil ich die Befürchtung hatte, dass ich viele meiner neuen Freund_Innen dadurch verlieren würde, dass sie mich dann komisch finden und ablehnen würden. Zwar fühlte ich mich bestärkt von den trans*männlichen Freunden und Bekannten, doch war mir schnell klar, dass trans*Männlichkeit hier anders bewertet wird als trans*Weiblichkeit. Viele dachten zunächst, dass ich ein Mann wäre, wenn ich auch bei schönen Gelegenheiten immer mal ,nen Fummel trug oder etwas Make-up oder so. Auch merkte ich schnell, dass „femininer" Style nur sehr begrenzt als cool gilt. Das Überwiegende, das Starke und Angesagte waren und sind hier bis heute Styles, Verhalten, Auftreten und Haltung, die gesellschaftlich als männlich gelesen werden. So stellte ich resigniert fest, dass hierin die queerfeministische Szene keinen ausreichend großen Unterschied zum Mainstream oder zur schwulen Szene bietet. Ebenso gibt es die Abwertung von Qualitäten, die mit „weiblich" verbunden werden: Rational gilt als gut, im Gegensatz zu emotional. Hart und kämpferisch sein ist cooler als zart und mitfühlend. Vieles von dem patriarchalen Denken findet sich in Szene-Coolness verpackt, also leider auch im Queerfeminismus.

FLT*I*-Räume habe ich natürlich gemieden, weil ich mich nicht getraut hatte, mein Coming-out öffentlich zu machen. Glücklicherweise unterstützten mich später zwei trans*männliche Freunde beim Trans*-Coming-out. Ich war erleichtert über die Hilfe, fühlte den Moment gekommen und dachte „Augen zu und durch". Es folgte eine schmerzvolle Zeit mit vielen Ängsten und Albträumen, mit Ausgelachtwerden von „Freund_Innen" und mit oberschlauen Belehrungen von Feministinnen, wie „Trans*Frauen erleben keinen Sexismus", „nur weil ein Mann einen Rock trägt, feier ich ihn noch lange nicht ab". Für mich war ganz klar, dass ich auch nach meinem Coming-out keinen FLT*I*-Raum betreten werde. Ich dachte: „Wenn mich all diese unsolidarischen Leute nur in Ruhe lassen bin ich schon zufrieden." Das ist schade, denn ich hätte schon auch ihren Support brauchen können. Andere Freund_Innen dagegen waren toll und unterstützend. Neue Freund_Innenschaften kamen hinzu. Ich schloss mich einer linken Trans*Inter*-Gruppe an, wo ich leider die einzige trans*Frau war. Obwohl ich die Leute mochte, merkte ich, dass das etwas ausmachte und wünschte mir mehr Kontakt zu trans*weiblichen Personen. Heute bin ich immer noch in queeren und trans*Communities aktiv, habe einen tollen Freund_Innenkreis und endlich den Prozess körperlicher Veränderungen auf den Weg gebracht. Trans*misogynie begegnet mir leider immer noch überall in der Szene und ich finde es so schrecklich, wie hier Ausschlüsse von trans*Frauen passieren – offene und stille. Manchmal werden trans*Frauen ganz direkt von feministischen Veranstaltungen ausgeschlossen, aber oft passieren Ausschlüsse auch indirekt und unterschwellig durch die Art und Weise, wie trans*Weiblichkeiten in feministischen Gruppen behandelt werden. Besonders trans*Frauen of Colour erfahren hier Ausschluss und Diskriminierung. Denn männliche und *weiße* Privilegien verschwinden nicht einfach in queeren Räumen. Genauso wenig wie Rassismus, Trans*misogynie und andere Diskriminierungen.

*„Auch die „Szene" (linke/feministische/queere/...) ist da nicht viel besser. Auch sie orientiert sich an vermeintlich männlichen Maßstäben und wertet Weiblichkeit ab. Auch in ihr müssen trans*Frauen um die Anerkennung ihrer Identität kämpfen und auch in ihr sind sie mit Homophobie und Sexismus konfrontiert. Auch in der ‚Szene' werden ihre Räume spätestens mit ihrem Coming Out immer enger – ausgesprochen oder unausgesprochen."* (Gruppe w.i.r.. „Same discussions as every year", Herbst 2011, S. 3)

Letztens erst habe ich ein Konzert gespielt und es war wirklich voll die mackerige Atmosphäre vom Publikum aus. Und das war eine FLT*I*-Party (FrauenLesbenTrans*Inter*). Nur wenige im Publikum haben wirklich zugehört. Viele saßen von mir abgewendet an den Tischen und haben sich unterhalten. Als ich nach meinem Auftritt im Publikum stand und mir die zweite Künstlerin angesehen habe, habe ich dieses respektlose Verhalten noch deutlicher wahrgenommen. Die Sängerin war eine trans*weibliche Person of Colour. Sie hat glamourös mit tollem Glitzerkleid Feminität gezeigt, während im Publikum alle in ihren schwarzen Kapuzenpullis grimmig aus der Wäsche geguckt haben. Mehrere Gäste haben die Bar verlassen oder sich während der Performance lautstark unterhalten. Sie hat sich auch mehrmals während ihrer Show über das respektlose Publikum beschwert. Nach dem Konzert kamen zwei trans*männliche Personen zu mir und meinten, sie hätten ihre Show anstrengend gefunden und

Im Vergleich zu einem
trans*weiblichen Coming Out
gilt ein trans*männliches Coming Out
in queerfeministischer Szene eher als „cool",
weil die Personen oft in den
dominanten männlichen Style passen.
Außerdem sind sie auch bereits
vor ihrem Coming Out
als FLT*I* Person akzeptiert.

sie finden, dass sie hier irgendwie nicht in diesen Raum reinpasst. Ich hab gesagt: „Wenn sie hier nicht reinpasst, dann stimmt was mit dem Raum nicht!"

Wenig Support beim Coming-out für trans*Frauen

Trans*Weiblichkeiten bekommen in feministischen Kreisen oft noch weniger Support bei ihrem Coming-out als trans*Männlichkeiten. Das kann natürlich nicht allgemein gesagt werden, weil Coming-outs ganz unterschiedlich ablaufen können und noch andere Faktoren eine Rolle spielen können, als trans*weiblich oder trans*männlich zu sein. Auch ein trans*männliches Coming-out ist in dieser Szene schwer. Zum Beispiel wird das Verhalten von trans*Männern nach ihrem Coming-out oft anders bewertet als vorher, zum Beispiel wenn sie sich mackerig verhalten. Aber wenn sie sich „nicht mackerig genug" verhalten, kann es passieren, dass sie in ihrer Geschlechtsidentität nicht ernst genommen werden. Viele trans*Männer kennen auch den doofen Vorwurf von cis-Feministinnen, dass sie ‚Überläufer' seien. Doch im Vergleich zu einem trans*weiblichen Coming-out gilt ein trans*männliches Coming-out in der queerfeministischen Szene eher als „cool", weil die Personen oft in den dominanten männlichen Style passen. Außerdem sind sie auch bereits vor ihrem Coming-out als FLT*I*-Person akzeptiert.

Menschen, die sich eher im trans*weiblichen Spektrum verorten, haben ihr Coming-out im Schnitt später als trans*Männlichkeiten. Daher fangen viele, die auch körperliche Veränderungen brauchen, erst spät an, Hormone zu nehmen. Je später sie anfangen, desto geringer werden ihre Chancen auf cis-weibliches Passing^G, sofern sie dies denn überhaupt anstreben. Und wenn eine trans*weibliche Person ihr Coming-out versucht, denken cis-Feministinnen oft: „Wie kannst du es wagen zu sagen, dass du kein cisMann bist?", „Du willst nur deine männlichen Privilegien nicht reflektieren und dich in unseren tollen FLT*I*-Räumen breit machen." Solches und anderes wurde mir schon oft gesagt. Manche Menschen aus meinem feministischen Freund_Innenkreis reagierten auf mein Coming-out ablehnend und verärgert, andere gingen auf Distanz – und meine tollen Freund_Innen unterstützten mich (Hab euch ganz doll lieb!). Selbstverständlich war das nicht.

In FLT*I*-Räumen werden trans*Frauen dann auch dementsprechend ange-glotzt oder gleich angesprochen und gefragt, was sie denn hier zu suchen haben: „Das hier ist aber ne FLT*I*-Veranstaltung!" und so. So stehen Menschen, die negativ von Trans*misogynie betroffen sind, immer unter dem Druck zu bewei-sen, dass sie kein cisMann sind, werden daraufhin jeden Tag abgecheckt und of-fen oder still ausgeschlossen. Bei mir hat es deshalb auch ewig gedauert, bis ich mich überhaupt mal in einen FLT*I*-Raum getraut habe. Bei allem, was ich tue, schwingt die Angst mit, dass mir meine Geschlechtsidentität aberkannt wird.

Bewertung des Verhaltens

Aus diesen Gründen ist in meinem Hinterkopf oft die Frage: Kann das, was ich gerade tue, trage, wie ich rede, wie ich mich bewege usw. als „männlich" gelesen werden? Das ist nicht leicht und auch voll unfair, denn das Verhalten von trans*Weiblichkeiten wird ganz anders bewertet als das von cisFrauen.

Wenn zum Beispiel eine cisFrau das Geschirr nicht spült, wird vielleicht gesagt, sie ist „faul" oder das Nicht-Spülen ist gar ein feministischer Verwei-gerungsakt. Wenn eine trans*Frau aber mal nicht spült, ist das „männliches Mackerverhalten". Warum kann eine trans*Frau nicht faul sein? Wenn eine cisFrau behaarte Beine hat, ist sie eine feministische Vorkämpferin. Bei einer trans*Frau sind behaarte Beine ... na? ... „männlich"! Diese Beispiele können endlos weitergeführt werden und alle kommen zu dem Punkt, dass viele cisPer-sonen keine trans*weiblichen Genderidentitäten akzeptieren.

Bei trans*Männlichkeiten ist es anders. Wenn ein trans*Mann das Ge-schirr nicht spült, wird er kritisiert, aber ihm wird niemand deshalb seine Ge-schlechtsidentität absprechen. Natürlich spielen oft viel mehr Diskriminierun-gen dabei eine Rolle, wie das Verhalten von Menschen bewertet wird, als nur Trans*misogynie. Zum Beispiel wird auch das Verhalten von Black People und People of Colour anders bewertet als bei *weißen* Menschen. Wie auch bei mei-nem Beispiel mit den behaarten Beinen oder wenn sie sich sehr feminin geben.

Wenn eine cisFrau sich sehr feminin gibt, ist sie weniger cool in der queeren Szene und erfährt Feminitätsfeindlichkeit. Aber ihr wird nicht ihre Geschlecht-sidentität abgesprochen. Bei Menschen, die negativ von Trans*misogynie be-troffen sind, ist das anders: Geben sie sich sehr feminin wird gesagt: „Ach, die meint das ja gar nicht ernst. Das ist ja nur ein Kostüm. Sie ist nur eine Drag-queen und keine richtige Frau" und all so'n Scheiß. Gibt sie sich aber wenig feminin, wird gesagt: „Sie versucht es ja nicht einmal. Sie legt ihre männlichen Privilegien nicht ab" und so weiter. Oder letztens, da empörte sich eine Bekannte, dass sie trans*Frauen ja gar nicht in ihrer Identität ernst nehmen kann, wenn sie sich so männlich verhalten. Das sagt gerade sie, dachte ich, wo sie wirklich alles andere als Feminität performt. Wenn sie Glatze trägt, raumeinnehmend und laut ist und derbe Witze macht, wird das aber auch anders bewertet als bei trans*Frauen. Bei ihr: emanzipiert, bei der trans*Fau: mackerig, „männlich". Ich würde von ihr als Feministin erwarten, dass sie sich ihr Privileg klar macht, dass ihre Geschlechtsidentität nicht in Frage gestellt wird. Ich würde von ihr erwarten, dass sie eine trans*Frau selbstverständlich als Frau akzeptiert, egal, ob sie sich raumeinnehmend oder laut verhält – und zwar mit der gleichen Selbstverständlichkeit, wie sie ihre cisFreundinnen als Frauen akzeptiert. „Und überhaupt", ereiferte sich meine Bekannte weiter, „sehen die ja auch manchmal so schrill aus..." Wenn wir uns besonders feminin geben, mit Glitzer und Glamour-Style, erfahren wir eben die Abwertung von Feminität, vermischt mit all den anderen trans*misogynen Zuschreibungen. Für sie steht also in jedem Fall fest, dass trans*Frauen keine ernstzunehmenden Frauen sind.

Früher haben Paraden zum Christopher Street Day (CSD) manchmal ganz offen trans*Frauen, Dragqueens und Tunten ausgeschlossen oder sie „zumindest" dazu aufgerufen sich „männlich" und „möglichst unauffällig" anzuziehen. Mensch wollte schließlich in der binären cis-normativen Gesellschaft ankommen und von ihr akzeptiert werden. Auch wenn es kein offizielles Verbot gibt, erfahren sich feminin gebende schwule Männer und Dragqueens Abwertung und Diskriminierung auch in der schwulen Szene. Hier zwei Beispiele aus Johannesburg und Glasgow. Ähnliches habe ich auch schon von deutschen CSDs gehört:

„Schwule wollten CSD-Drag-Verbot:
(Johannesburg) Die Polizei von Johannesburg hat ihre Androhung, Drag Queens beim CSD wegen Verstoßes gegen das Vermummungsverbot festzunehmen, zurückgenommen. Indessen wurde bekannt, dass die Polizei mit dem geplanten

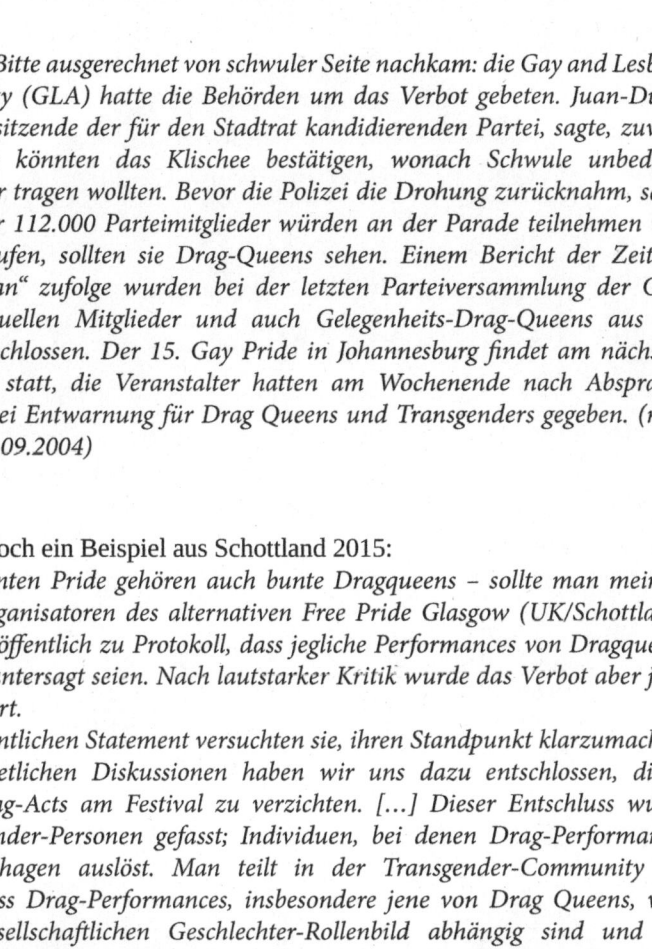

Verbot einer Bitte ausgerechnet von schwuler Seite nachkam: die Gay and Lesbian Alliance Party (GLA) hatte die Behörden um das Verbot gebeten. Juan-Duval Uys, der Vorsitzende der für den Stadtrat kandidierenden Partei, sagte, zuviele Drag-Queens könnten das Klischee bestätigen, wonach Schwule unbedingt Frauenkleider tragen wollten. Bevor die Polizei die Drohung zurücknahm, sagte Uys, viele der 112.000 Parteimitglieder würden an der Parade teilnehmen und die Polizei rufen, sollten sie Drag-Queens sehen. Einem Bericht der Zeitung „The Scotsman" zufolge wurden bei der letzten Parteiversammlung der GLA alle transsexuellen Mitglieder und auch Gelegenheits-Drag-Queens aus der Partei ausgeschlossen. Der 15. Gay Pride in Johannesburg findet am nächsten Wochenende statt, die Veranstalter hatten am Wochenende nach Absprache mit der Polizei Entwarnung für Drag Queens und Transgenders gegeben. (nb)" (queer.de, 20.09.2004)

Und hier noch ein Beispiel aus Schottland 2015:

,Zu jeder bunten Pride gehören auch bunte Dragqueens – sollte man meinen. Doch die Organisatoren des alternativen Free Pride Glasgow (UK/Schottland) gaben vorab öffentlich zu Protokoll, dass jegliche Performances von Dragqueens am Festival untersagt seien. Nach lautstarker Kritik wurde das Verbot aber jetzt wieder kassiert.

In einem öffentlichen Statement versuchten sie, ihren Standpunkt klarzumachen: „[...] Nach etlichen Diskussionen haben wir uns dazu entschlossen, dieses Jahr auf Drag-Acts am Festival zu verzichten. [...] Dieser Entschluss wurde von Transgender-Personen gefasst; Individuen, bei denen Drag-Performances großes Unbehagen auslöst. Man teilt in der Transgender-Community die Meinung, dass Drag-Performances, insbesondere jene von Drag Queens, vom aktuellen gesellschaftlichen Geschlechter-Rollenbild abhängig sind und die Geschlechtsidentität nicht ernst genug nehmen, gar zu einem Witz machen. ..." (http://m-maenner.de/2015/07/pride-verbietet-drag-performances/)

Ahja: „insbesondere jene von Drag Queens". Das habe ich mir gedacht. Zelebrierte Feminitäts-Performance ist ein Witz, überhaupt und vor allem, wenn sie nicht von cisFrauen performt wird. Und zelebrierte Maskulinitätsperformance? Vielleicht ist sie bei diesem alternativen CSD so Standard, dass sie gar nicht groß auffällt?

Manchmal wird auch die sexuelle Orientierung von trans*weiblichen Personen als Grund genommen, ihnen ihre Geschlechtsidentität abzusprechen. Sind sie lesbisch, wird zum Beispiel gesagt, dass sie gar keine richtigen Lesben sind,

Eine trans*Frau steht immer
unter dem Druck,
zu beweisen, dass sie eine Frau ist,
darf aus dieser weiblichen Rolle
aber nicht ausbrechen.

sondern eigentlich im Herzen „Hetero-Typen". Vor allem, wenn sie dann auch noch Trans*-Butch[G]-Lesben sind. Auch innerhalb der Trans*Community kommen solche Diskriminierungen vor.

Still gemacht werden

Wenn eine cisFrau laut, selbstbewusst und raumeinnehmend im Plenum (Gesprächskreis) ist, dann wird das als emanzipiert, empowert und stark wahrgenommen. Aber wenn eine trans*Frau es schafft, im Plenum laut ihre Meinung zu sagen, dann ist sie dominant, mackerig und eben „männlich". Sie muss dagegen doppelt so still, zurückhaltend und süß sein, um von cisFeministinnen als Frau akzeptiert zu werden. Immer steht sie unter dem Druck zu beweisen, dass sie eine Frau ist, darf aus dieser weiblichen Rolle aber nicht ausbrechen. Das macht doch echt keinen Sinn! Vielleicht ist dies und all der Scheiß, den wir über Jahre immer wieder abbekommen, der Grund, warum es für trans*Weiblichkeiten so schwierig ist, in cis- oder trans*männlich dominierten Gruppen zu reden. Es gibt verschiedene Gründe, warum Menschen im Plenum still *gemacht werden* und einer davon sind verschiedene Machtstrukturen in der Gruppe.

In cis- und trans*männlich dominierten Gruppen sage ich oft wenig und fühl mich eingeschüchtert. Viele verhalten sich raumeinnehmend, fallen mir einfach ins Wort, wenn ich anfange was zu sagen, oder lassen mich gar nicht erst zu Wort kommen. Sie sind schneller, selbstsicherer und lauter als ich. Doch dass ich so unselbstbewusst bin, hat ja auch seine Gründe. Im Laufe eines solchen Plenums oder Gespräches werde ich mit der Zeit immer passiver und verliere schließlich meine Konzentration. Alle haben natürlich immer etwas super Wichtiges zu sagen. Und ich lass' mich davon beeindrucken. Denke: „Ui, die sind ja alle soo schlau und so reflektiert." Nach einer Weile in solchen Gruppen glaube ich selbst, dass ich nicht so kluge Sachen weiß und dass ich dümmer bin als die anderen. Aber wenn ich dann nach einiger Zeit in einer anderen Gruppe bin oder mit anderen Freund_Innen zusammen bin, fällt mir plötzlich mit Überraschung auf, dass ich doch was zu sagen hab'. Dass mir auch schlaue Sachen einfallen, wenn mensch mich reden lässt, mich nicht klein macht und einschüchtert, sondern mich ernst nimmt.

Wenn trans*Frauen ausgeschlossen werden, wird Diskriminierungsverhalten oft in pseudopolitische und akademisch klingende Argumente, wie z.B. das 'Sozialisationsargument' verkleidet.

Zu guter Letzt wird mir dann vorgeworfen, dass ich in Gruppen zu wenig sage. Und zwar genau von denen, die mich leise, klein und dumm machen. Ich könnte genauso schlaue und coole Sachen sagen, wenn sie mir den Raum nicht nehmen würden. Es wird oft nicht gesehen, dass es für manche Menschen einfacher ist, in Gruppen laut zu sein, die cis und/oder trans*männlich dominiert sind. Die Leute sagen dann, ich müsste daran arbeiten, dass ich in der Gruppe was sagen kann. Nein! Die Gruppe muss daran arbeiten, dass alle Stimmen gehört werden, denn *sie* ist es, die mich still macht!

Folgendes Zitat habe ich als Flyer auf einem Infotisch gefunden. Vielleicht findet ihr den ganzen Text im Internet. Hier ein kleiner Auszug:

„Lieber Cis-Feminismus
[...] aber heute bin ich nicht mehr das naive Mädchen, das noch nicht erkannt hat, dass es eine Frau ist. Heute bin ich eine Frau, der immer wieder eingeredet wird, ihre Weiblichkeit sei nicht „echt". Eine Frau, der vermittelt wird, „leider" die falschen Genitalien zu haben um eine richtige feministische Frau zu sein. Eine Frau, die sich vorwerfen lassen muss, „männliche" Privilegien zu besitzen, weil sie bei der Geburt geschlechtlich falsch eingeordnet wurde. Eine Frau, die von vielen nicht als Frau anerkannt wird.
Darüber habe ich schon oft mit dir geredet, oder besser gesagt, versucht mit dir zu reden. (...) Aber dass du mir und anderen marginalisierten Personen nicht zuhörst und unsere Kritik und unsere Anregungen ignorierst, trägt nicht gerade dazu bei, dass ich auch in Zukunft ein Teil von feministischen Bewegungen sein möchte" (Zitat aus: „Lieber Cis Feminismus" – eine wütende Transfrau, September 2015)

FaulenzA, Album: „Einhornrap"

Safe Räume

Safe Räume sind mir wichtig, wo ich Power tanken kann.
Oft flick ich hier mein dickes Fell, das zieh ich draußen an,
näh paar Krallen noch dazu, auch wenn ein Macker sauer flennt,
das ist ein Raum für Selbstermächtigung und für Empowerment,
das ist mir wichtig, weil ich Power tanken kann.
Oft flick ich hier mein dickes Fell, das zieh ich draußen an,
näh paar Krallen noch dazu, auch wenn ein Macker sauer flennt,
das ist ein Raum für mich, für Selbstermächtigung, Empowerment.

Ich will hier weg und es geht nicht, find die Welt unerträglich,
für Frauen, Trans* und Inter* ist die Scheiße oft alltäglich:
Überschreitungen von Grenzen, sexistische Gewalt,
dominantes Mackertum und Rollenbilder schon uralt.
Da wünsch ich mir 'ne Subkultur, die das auch auf dem Schirm hat,
die achtsam ist und die glitzert und schimmert
Da wimmert schon der Erste: „Privilegien in Gefahr!"
Um respektvoller zu leben, mach dir Privilegien klar!
Reclaim the stage – da tut's gut Raum zu nehmen, wie ich find.
Raum, in dem cisMänner auch mal nicht willkommen sind.
Austauschen mit Menschen, die auch scheiß Erfahrung machen.
Selbst etwas probieren, ohne dass cisTypen lachen.
Hat gedauert diesen Raum zu nutzen, bis ich's mich getraut hab.
Angst, sie lesen mich als Mann und denken: „Männer, haut ab!"
Lautstark rufen sie: „Hier ist nur für Frauen, Trans*!
Und hier einfach reinzuplatzen, wie du dich das trauen kannst!"

Das war so mein Film und ist vielleicht nicht unbegründet
bei Texten, die mensch von feministischen Gruppen findet.
Dort steht: „trans*offen na klar, aber auch nur unter Vorbehalt",
„denn da könnt' ja jeder kommen", ist dann ihre Sorge halt.
Flyer zeigen Vaginas bei feministischen Parties,
doch sind Frauenkörper unterschiedlich wie Smarties.
Mein Körper, der ist weiblich, einfach, weil ich eine Frau bin.
Dein Cis-Blick liest ihn männlich, schau halt mal genau hin!
Egal, ob ich operiert bin oder und Hormone nehm':
Mein Körper, der ist weiblich und begehrenswert und schön.
Solche Flyer grenzen Frauen aus, wie das so oft passiert.
Wer richtig ist und nicht, wird gern vom Cis-Mensch definiert.
Ich will kein Zwei-Geschlechter-Denken, keine Blicke, die mich scann',
keine Menschen, die mich mit dem falschen Pronomen nenn',
kein gut gemeintes Interesse: „Hattest du schon deine OP?"
oder mit wem ich schlafe und auf was ich da so steh'.
Es gibt viele Gründe, warum fast nur cisFrauen am Start sind
in FLT*I*-Räumen, doch zu schreiben gibt mir Fahrtwind.

Trans*misogynie in Frauenräumen und FLT*I*-Räumen

Menschen, die negativ von Trans*misogynie betroffen sind, werden auf die unterschiedlichsten Weisen in der feministischen Szene ausgeschlossen. Meist passiert das still und unterschwellig durch die Art und Weise, wie wir behandelt werden, wie mit uns geredet wird, wie wir angesehen werden und so weiter. Manche Gruppen zeigen offen ihre Ablehnung gegen trans*Frauen, andere versuchen sie mehr oder weniger politisch korrekt und durch die Blume auszudrücken. Sie zeigen mit Genital-Bildern auf den Flyern, wer willkommen ist oder verkleben „Schwanz-ab-Sticker". Letztere gibt es in ganz unterschiedlichen Ausführungen, die alle „Penis" oder „Hoden" als Symbol für „Männlichkeit" zeigen (siehe Abbildungen). Sie kommen mit biologistischen Argumenten (siehe Kapitel „Reden über Körper") oder dem „Sozialisationsargument" (s.u.).

Manchmal gibt es Veranstaltungen/Orte, die nicht offen für cis-Männer sind, zum Beispiel Kneipenabende, Workshops, Demonstrationen, Beratungs- und Krisenräume oder Sportgruppen. Da unsere Gesellschaft cismännlich dominiert ist, finde ich es leider wichtig und notwendig, dass es solche Räume gibt. FLT*I*-Personen haben dort die Möglichkeit, sich in neuen Rollen und Tätigkeiten auszuprobieren ohne von cisMännern klein gemacht und belächelt zu werden. Sie haben die Möglichkeit, Diskriminierungs- und Gewalterfahrungen zu thematisieren, ohne die Anwesenheit von cisMännern, die den größten Teil der Täter_Innen darstellen. Oder es sind Räume zum Tanzen, Abhängen, Quatschen, mit weniger Angst vor körperlichen und verbalen (gesprochenen) Belästigungen. Es gibt 'Frauenräume'/ FrauenLesbenRäume und immer mehr gibt es auch FLT*I*-Räume (oder andere Reihenfolge der Buchstaben), die auch offen für alle Trans*- und Inter*Identitäten sind. Zumindest soweit die Theorie. In der Praxis wird nicht jede Frau in Frauenräumen akzeptiert und nicht jede FLT*I*-Person in FLT*I*-Räumen. Leider kommt es selbst in diesen „Safer Spaces" (sichereren Räumen) immer wieder zu Ausschlüssen und Diskriminierungen – auch gegen trans*- und inter*Personen. Zum Beispiel kommt es leider häufig vor, dass trans*männliche Personen in FLT*I*-Räumen Diskriminierungen erfahren von Leuten, die nicht verstehen, dass dies ein FLT*I*-Raum und eben kein 'Frauenraum' ist. Für viele Cis-Feministinnen ist es leider noch eine ganz andere Frage, ob trans*Frauen Zugang haben sollten zu FLT*I*-Räumen. Viele

Wer bewertet,
ob eine Person Passing hat
oder nicht?

verbieten uns auch den Zugang zu „FrauenRäumen"! Sie denken, trans*Frauen wären eigentlich Männer und trans*Männer eigentlich Frauen. Deshalb sehen manche Feministinnen lieber einen trans*Mann in ihrem Frauenraum, als eine trans*Frau. Manchmal ist das auch feste Regel, mit der Begründung, dass trans*Männer ja zumindest früher mal Frauen gewesen wären und zumindest früher mal Sexismus erfahren hätten. So bekomme ich in FLT*I- und Frauenräumen immer wieder die Ablehnung einzelner Besucher_Innen zu spüren, fühle mich ignoriert oder wie ein unwillkommener Eindringling. Andere sagen mir ganz offen, dass sie in bestimmten Räumen keine trans*Frauen dabeihaben wollen.

In dieser Diskussion um Trans*offenheit in Frauenräumen spiegelt sich eine Menge Trans*misogynie wider. Trans*Weiblichkeiten wird häufig mit Vorurteilen, Skepsis und Hass begegnet, ihre Anwesenheit als unangenehm und störend empfunden. In der ganzen Diskussion zeigen sich die tief sitzende Ablehnung und das Unbehagen, das trans*Frauen bei so vielen Menschen auslösen.

„Die Diskussion um die Frage, ob trans*Frauen Zugang zu Frauen(Lesben) räumen haben, ist nicht neu. Es ist schon an vielen Orten immer wieder – auch sehr verletzend – darüber debattiert worden. An sich reicht eigentlich die Feststellung, dass die wenigsten Frauenräume ‚CisFrauenraum' heißen und trans*Frauen ja nun mal Frauen sind und somit trans*Frauen selbstverständlich Zugang zu Frauenräumen haben. Doch angesichts der wiederkehrenden Auseinandersetzungen scheint es so einfach nicht zu sein. (…) Wir, das sind trans*Männer, oder so was in der Art, die sich früher teilweise auch in Frauenräumen bewegt und sie mitgestaltet haben. („Same discussions as every year – Intervention gegen die (bewusste oder unbewusste) Ausgrenzung von trans*Frauen", w.i.r.)

FLT*I*-Räume und ich

In der Nähe von da, wo ich früher gewohnt habe, gab es einmal im Monat die Trans*LesbenFrauen-Kneipe (TLF). Ich bin bis heute nicht einmal dort gewesen, auch nicht nach meinem Coming-out, wo ich Support gut hätte gebrauchen können. Allein der Einladungstext der TLF-Kneipe hat mich schon sehr abgeschreckt. Sie haben nämlich einen „TLF-Reader" gemacht, um zu erklären, warum geschlossene Räume wichtig sind. So ein Heft ist natürlich sinnvoll, aber

**Ab wann
gehöre ich zu den trans*Personen,
die willkommen sind,
und wer entscheidet das?**

für mich drückte der TLF-Reader deutlich das Misstrauen gegen trans*Frauen aus. „Nein", dachte ich, „ich hab' schon genug Scheiße in meinem Leben, da brauch' ich nicht auch noch die TLF-Kneipe". Ist nur schade, denn ein cisMänner-freier Raum hätte mir auch gut getan und Solidarität auch. Hier ein Auszug aus dem TLF Reader:

„Trans-offen soll nicht heißen, offen für alle Menschen, die sich als Trans definieren, sondern offen für Transmenschen, die sich (immer noch) von gegen Frauen gerichteter Diskriminierung ausgesetzt/ betroffen fühlen. Bzw. sich auf Grund früher gemachter Erfahrungen mit geschlossenen Gruppen verbunden fühlen. (…) Transfrauen sind, wenn sie passen[G]*, von Sexismus betroffen, wenn sie nicht passen, werden sie oft auch nicht als ‚männlich‘ genug wahrgenommen und treffen auf Homophobie und andere Ausschlussmechanismen. (…)"*

Aha: Nicht alle Trans*Personen sind willkommen. Das „T" haben sie bei ihrem TLF (statt FLT*I*) aber nach vorn gerückt. Kann mensch sich ja ganz gut auf die Fahne schreiben.^^ Aber einige Trans*Menschen scheinen dann doch zu stören. Wer denn eigentlich?

Es scheint klar, dass trans*Männlichkeiten auf jeden Fall kommen dürfen. Denn sie waren ja zumindest „früher" von Sexismus betroffen. Aber bei trans*Weiblichkeiten müssen sie wohl etwas genauer hinschauen. Sind sie denn auch wirklich von „gegen Frauen gerichtete Gewalt" betroffen?

Natürlich ist jede trans*Frau von Sexismus betroffen, und das auch, wenn sie nicht passt. Denn vom Patriarchat sind alle negativ betroffen, die nicht cis-männlich sind. Ich finde es auch komisch, dass sie schreiben „Transmenschen, die sich (immer noch) von gegen Frauen gerichteter Diskriminierung betroffen fühlen". Da schwingt für mich die Erwartung/Vorstellung mit, dass alle trans*Menschen transitionieren, also körperliche Veränderungen anstreben und nach diesen Veränderungen hätten sie irgendwann Passing. Aber viele trans*Menschen wollen gar keine Transition und werden daher auch meist nicht in ihrer Geschlechtsidentität erkannt. Andere gehen alle möglichen Schritte der Transition und haben trotzdem niemals Passing. Ich lese aus diesem Satz einfach raus, das Trans*identität an körperlichen Veränderungen festgemacht wird, was sehr vielen trans*Menschen nicht gerecht wird.

Außerdem finde ich, sollte die TLF-Kneipe auch offen für nicht binäre Trans* und Inter*-Personen sein. Und sie sollte eh auch auf dem Schirm haben, dass es mehr gibt als „gegen Frauen gerichtete Gewalt". Trans*feindlichkeit, Trans*misogynie, Inter*feindlichkeit wird gar nicht gesehen. Außerdem kann mensch aus diesem Text rauslesen, dass trans*Frauen nur Frauen wären, wenn sie passen. Wer bewertet denn, ob eine Person passt oder nicht? Das würde ja auch cisFrauen betreffen, die nicht als Frauen passen.

Dieser Text und andere ähnliche haben dazu beigetragen, dass ich mich lange nicht in einen FLT*I*-Raum getraut habe. Da blieben bei mir immer die Fragen: „Ohje, werde ich wohl deutlich genug als Frau gelesen? Sollte ich erst noch ein Jahr länger Hormone nehmen, sodass ich besser in ihre Frauen-Schublade passe? Werden mich alle skeptisch begutachten, wenn ich die Kneipe betrete? Ab wann gehöre ich schon zu den trans*Personen, die willkommen sind und wer entscheidet das? Vielleicht warten zwei cisTürsteherinnen auf mich, die am Eingang meine schlecht rasierten Bartstoppel begutachten?"

Mittlerweile hat die TLF-Abend-Gruppe den Satz „Nicht alle Trans* sind willkommen" kommentarlos von der Homepage gelöscht. Auch das Zine wurde aktualisiert. Doch sie scheinen immer noch ihre Probleme mit einigen Trans*Menschen zu haben. Nun heißt es: „Trans-offen heißt: Transmenschen, die sich (immer noch) von gegen Frauen gerichteter Diskriminierung ausgesetzt/betroffen fühlen, bzw. sich mit geschlossenen Räumen verbunden fühlen, auf Grund früher gemachter Erfahrungen, sind willkommen." Inhaltlich hat sich also nichts geändert. Trans*Männlichkeiten fallen für sie zumindest unter „aufgrund von früher gemachten Erfahrungen" und bei trans*Weiblichkeiten muss mensch dann mal schauen. Warum nicht einfach: „Alle trans*Menschen sind willkommen"?

Sehr oft sagen mir cisFeministinnen ganz direkt, dass sie keinen Bock auf trans*Frauen in Frauenräumen haben. Dann sagen sie, dass sie das Bedürfnis haben, sich mit Menschen zu treffen, die auch eine weibliche Sozialisation haben. Sie sind dann oft sehr bemüht mir zu erklären, dass aus diesem Grund trans*Männlichkeiten in Frauenräumen ok sind, aber eben keine trans*Weiblichkeiten. Denn trans*Männlichkeiten hätten eine weibliche Sozialisation und trans*Weiblichkeiten eine männliche. Trans*Frauen könnten sich ja woanders treffen. Aus meiner Perspektive ist das nur eine Verschleierung ihrer Trans*misogynie.

Auch zeigt sich hier wieder das Cis-Privileg, definieren zu können, was und wer „männlich" ist und wer „weiblich". Ich werde sehr wütend, wenn mir zum Beispiel eine hetero cisPerson etwas über meine Sozialisation erklären will. Als ob sie auch nur irgendetwas über eine trans*weibliche Sozialisation wissen kann! Es ist einfach nur anmaßend, unverschämt, arrogant, unglaublich – eben: trans*misogyn. Jedes Mal wieder, wenn mir cisFrauen mit diesem Sozialisationsargument kommen, auch Menschen von denen ich dachte, dass sie eigentlich cool sind, dann muss ich wieder von Neuem anfangen zu erklären. Manchmal versuche ich alles, erzähle intimste Dinge aus meiner Jugend, Diskriminierungserfahrungen und all das, nur damit sie endlich checken, dass eine trans*weibliche Sozialisation nicht das Gleiche ist, wie eine männliche Sozialisation. Das bringt mich oft an den Rand meiner Kräfte und kostet alle Energie, die ich habe. Am Ende gelingt es mir aber meist doch nicht, sie zu überzeugen. Im besten Fall ein bisschen zu erschrecken, aber ihr Wunsch bleibt: trans*Frauen auszuschließen. Das geht aus meiner Perspektive auf keinen Fall klar.

Lasst mich nun versuchen zu erklären, warum trans*Weiblichkeiten nicht männlich sozialisiert sind: Unsere Sozialisation wird unter anderem beeinflusst durch unsere Privilegien und den Diskriminierungen, denen wir ausgesetzt sind. Je nachdem, in welchem Land mensch aufwächst und welche Privilegien mensch dort genießt, ist die Sozialisation anders. Aber nirgendwo auf dieser Welt ist eine trans*weibliche Sozialisation das gleiche wie eine männliche.

**Je nachdem,
in welchem Land mensch aufwächst
und welche Privilegien mensch dort genießt,
ist die Sozialisation anders.
Aber nirgendwo auf dieser Welt
ist eine trans*weibliche Sozialisation
das gleiche wie eine männliche.**

So gibt es verschiedene Privilegien, die eine Sozialisation[G] beeinflussen, die zum Beispiel mit *weiß* sein, oder cis sein zusammenhängen. Und unsere Sozialisation wird von Diskriminierungen beeinflusst, wie zum Beispiel Rassismus, Sexismus, Trans*feindlichkeit, Trans*misogynie, Inter*feindlichkeit, Klassismus, Ableismus. Zum Beispiel hat eine cisFrau, die „arm" aufwächst eine andere Sozialisation, als eine cisFrau, die reiche Eltern hat. Manchmal begründen cisFrauen, dass sie Frauenräume ohne trans*Frauen (aber mit trans*Männern) haben wollen, damit, dass sie sich mit Menschen treffen wollen, die die gleiche Sozialisation haben. Dann verweise ich darauf, dass sie durchaus auch nicht mit allen cisFrauen und trans*Männern die gleiche Sozialisation haben. Das erklärt auch die Gruppe w.i.r.:

„Zudem gibt es noch andere Kategorien, die unterschiedliche Erfahrungen, auch in Bezug auf Geschlecht, hervorbringen. PoC (People of Colour) erleben teilweise andere Sexismen als weiße Menschen. Trotzdem würde hoffentlich niemand auf die Idee kommen PoC pauschal auszuschließen" (Gruppe w.i.r., „Same discussions as every year")

Viele cisMenschen denken: „Eine trans*Frau lebt in ihrer Kindheit und Jugend glücklich als cisMann und dann kommt plötzlich *Plopp*: ein Coming-out. Und von da an ist sie eine trans*Frau." Das ist natürlich Blödsinn.

Es ist wichtig zu verstehen, dass trans*Weiblichkeiten auch *vor* ihrem Coming-out häufig Gewalt, Diskriminierung und Mobbing erfahren. Trans*Weiblichkeiten werden von der cis-normativen-Gesellschaft gezwungen Männlichkeit zu performen. Allein das ist schon sehr hart und unterdrückend. Und cisMenschen bestimmen, wie ein Mann und wie eine Frau zu sein hat. Viele Menschen sehen aber die Tatsache, dass früher Menschen von mir erwartet haben, ein Junge zu sein, als mein Privileg und nicht als Gewalt, die mir viele Jahre angetan wurde. Oft versuchen trans*Mädchen diesen Erwartungen zu entsprechen, um zum Beispiel in der Schule nicht ausgeschlossen zu werden. Meistens gelingen diese Versuche aber von vorne bis hinten nicht. So fällt es auf, dass sie den Geschlechtererwartungen nicht entsprechen, dass sie „anders" sind und sie werden sowohl von den cisJungs, als auch von den cisMädchen ausgeschlossen. Aufklärung zum Thema Trans* gibt's meistens eh nicht. So kriegen sie nur mit, dass sie „falsch" sind, „anders" und „unerwünscht", erleben

Mobbing, Ausgrenzung und Gewalt. Auch ich wurde als Schülerin von blöden Jungs-Cliquen gemobbt und begann damals Selbstverteidigung zu trainieren um, aus der Opferrolle raus zu kommen. Trans*Mädchen fallen eben oft auf, auch wenn sie vielleicht männlich gelesen werden. Um ein ‚lustiges‘ Beispiel zu erzählen: Mein älterer Bruder wollte mich früher damit ärgern, dass er mich ‚Prinzessin‘ nannte oder indem er sagte, dass ich seine Schwester wäre. Aber als ich ihm später sagte, dass ich wirklich seine Schwester bin, war er ganz entsetzt und bestand darauf, dass ich ein Mann bin. Ich kann cisMenschen einfach nicht verstehen. Hab‘ es so oft versucht.^^

Viele trans*Frauen werden wohl noch Sprüche wie: „Sei kein Mädchen!“ im Ohr haben. Auf einem meiner Vorträge meinte mal eine Person, dass Kindern und Jugendlichen, die männlich gelesen werden ja mehr Raum gegeben wird und sie ermuntert werden, sich Raum zu nehmen. Und deshalb wären auch trans*Mädchen männlich privilegiert. Das stimmt nicht, denn wie ich erklärt habe, werden viele trans*weibliche Kinder und Jugendliche von anderen Kindern und auch Erwachsenen jahrelang und täglich gemobbt und klein gemacht, auch wenn sie männlich gelesen werden. So habe ich alles andere gelernt, als mir Raum zu nehmen und selbstbewusst zu sein. Was mir tatsächlich nachdrücklich beigebracht wurde ist: falsch zu sein, unwichtig und verrückt zu sein, schwach, nicht liebenswert zu sein und hässlich zu sein.

Viele trans*Menschen haben kein gutes Verhältnis zum eigenen Körper und dass ist gerade auch in der Pubertät schwierig. Auch hier fehlt meistens Unterstützung und Beratung über Möglichkeiten wie Hormonbehandlung, Epilation, Operationen etc., und Möglichkeiten sich mit anderen trans*Jugendlichen auszutauschen. Oft ist ungesundes Essverhalten eine Folge. Cis-Jugendliche können ihre Pubertät dagegen häufig anders und mit anderen zusammen leben. Sie haben mehr Möglichkeiten sich auszutauschen und sich gegenseitig zu unterstützen. Doch auch für viele cis-Teenager ist die Pubertät eine beschissene Zeit und Themen wie z.B. Mobbing, ungesundes Essverhalten und ein schwieriges Verhältnis zum Körper sind Probleme die natürlich auch viele cis Jugendliche aus den unterschiedlichsten Gründen haben. Viele trans*Menschen schleppen jahrelang die Angst vor dem Coming-out mit sich herum. Angst davor, Freund_ Innen, Familie, Arbeit etc. zu verlieren. Eine Freundin, die cis ist, sagte mir, für sie war es voll die wichtige Erfahrung, früher zum ersten Mal bei der Orga eines

Lady-Festes mitgewirkt zu haben. Das glaube ich, dass das sehr empowernd war. Bei mir hat es selbst nach meinem Coming-out noch lange gedauert, bis ich mich getraut habe, mich in einer FLT*I*-Gruppe einzubringen oder überhaupt nur einen FLT*I*-Raum zu betreten. Solche empowernden Erfahrungen fehlten mir natürlich in meiner Jugend. Auch hatte ich nie Zugang zu empowernder Mädchenarbeit. Trans*weibliche Sozialisation heißt eben oft Diskriminierung ohne Support.

FaulenzAs Strophe in dem Lied

„Come Out!"

von Lady Lazy:

Sie ist alleine in der Schule, kann mit niemandem reden
über das, was sie bewegt, ihren Schmerz und ihre Themen.
Schon in ihrem ganzen Leben zeigen alle, dass sie anders ist.
Sie soll ein Junge sein – doch sie kann das nicht.
Sie hat es versucht, diese Männlichkeit zu zeigen,
den Erwartungen entsprechen, denn dann wär' sie nicht alleine.
Das fiel schwer und wirklich keine kaufte ihr das wirklich ab.
Sie wurde gemobbt, auch verprügelt nicht zu knapp.
Dann die Pubertät – wie sie ihren Körper hasste.
Sie wusste nicht, was los ist, nur dass er für sie nicht passte.
Keine Aufklärung zu Trans*, Möglichkeiten mit Hormonen,
kein Austausch mit anderen trans*Jugendlichen, wo denn?
. Sie nahm immer weiter ab, um ihren Körper zu verändern.
Das umzieh'n vor der Sportstunde war Horror ohne Ende.
Sie fände das so schön, auch ein cisMädchen zu sein,
aber heute ist sie selbstbewusst und strahlt in vollem Schein.

Aus all solchen Gründen kennen viele trans*Menschen das Gefühl, dass ihnen ihre Jugend gestohlen wurde. Gestohlen von cisMenschen, von der Cis-Gesellschaft. Niemand kann sie mir zurückgeben. So fällt es mir manchmal nicht leicht, Teenie-Filme zu gucken, in denen die Jugend zelebriert wird. Denn sie kann für viele Menschen ja auch eine sehr wichtige und gute Zeit sein. Doch für mich war all das nicht nur eine scheiß Zeit, die nun vorbei ist, sondern sie beeinflusst mich bis heute. Sie trägt dazu bei, dass ich mit so wenig Selbstsicherheit und Selbstbewusstsein durchs Leben gehe.

Vielleicht versteht ihr nun, dass ich wütend werde, wenn mir Menschen mit einer cis-privilegierten Sozialisation erklären wollen, dass meine Sozialisation männlich ist. Früher habe ich mir das noch von Cis-Feministinnen einreden lassen. So habe ich dann auch in meinem Lied „Männlichkeit" (Album: Glitzer Rebellion) geschrieben: „...und die patriarchale Gesellschaft hat mich zum Teil männlich sozialisiert". Zuerst hatte ich das Lied als Trans*-Coming-out gedacht, was ich mich dann aber doch nicht getraut hab. Stattdessen hab ich den Cis-Feministinnen nachgegeben, die mir was über meine Sozialisation erklären wollten. Heute ärgere ich mich darüber, bin selbstbewusster geworden und stehe zu meiner weiblichen Sozialisation und meiner weiblichen Identität. Ja, meine Sozialisation ist weiblich. Es gibt eben viele unterschiedliche weibliche Sozialisationen, so wie es auch unterschiedliche Frauen gibt.

*„Diese gesellschaftliche Realität bringt uns zu der Meinung, dass alle Frauen aus einer ähnlichen – keinesfalls gleichen – Position heraus (natürlich nur in Bezug auf Geschlechterverhältnisse) agieren und es keinen Grund gibt, an diesem Punkt durch Ausschlüsse zu differenzieren. Im Gegenteil! Da trans*Frauen durch die Aberkennung ihrer Identität angegriffen werden, ist die Anerkennung selbiger extrem wichtig. Über den gesellschaftlichen Sexismus hinaus wird ihnen zudem mit dem Vorwurf – und nicht selten mit den daraus folgenden Angriffen – begegnet, sie hätten die Männlichkeit bzw. die Männer verraten." (Gruppe w.i.r., „Same discussions as every year").*

Viele cisFrauen versuchen ja auch das Wort „Cis" zu vermeiden und sagen statt dessen Schrott wie „Bio-Frau", „klassische Frau", „normale Frau" oder eben auch „weiblich sozialisierte Person". Auch das spricht trans*Frauen ihre weibliche Sozialisation ab und wird manchmal benutzt, um uns auszuschließen.

Die Diskussion, ob trans*Frauen Zugang zu Frauenräumen haben sollten, wird immer noch heiß geführt. Immer wieder, wenn ich in verschiedenen Städten Workshops oder Konzerte gebe, bekomme ich davon mit. Es soll ein neuer Frauenraum/FLT*I*-Raum entstehen und die Gruppe spaltet sich erstmal an der Frage, ob denn auch trans*Weiblichkeiten kommen dürfen. Ich finde das unglaublich. Allein schon, dass das überhaupt diskutiert wird, finde ich unmöglich! Und dass sie als ernstzunehmende, wichtige Diskussion behandelt wird und nicht als diskriminierender Scheiß, den mensch auf keinen Fall akzeptieren darf. Zum Glück gibt es immer wieder auch solidarische tolle Menschen, die sich an den Kopf fassen und sich einmischen. Und weil du dies liest, nehme ich an, du gehörst auch eher zu den Solidarischen. ;-)

Es ist auch die Frage: Für wen und aus welcher Position heraus finde ich es legitim, Menschen auszuschließen? Ich finde es legitim und wichtig, wenn sich trans*Frauen in geschlossen Räumen treffen, also ohne cisMenschen und auch mal ohne trans*Männer. Eben um genau so eine Scheiße nicht hören zu müssen. Aus emanzipatorischer Perspektive lehne ich es klar ab, dass sich cisFrauen treffen und diskriminierte Frauen ausschließen. Das dient dann nur der Machtstabilisierung, wo doch das Ziel sein sollte, Herrschaftsstrukturen abzuschaffen und allen ein gutes und freies Leben zu ermöglichen. Es ist zum Beispiel auch vollkommen legitim, wenn sich Black People and People of Colour ohne *weiße* Menschen treffen. Es geht aber gar nicht klar, wenn sich *weiße* Menschen treffen und Black People and People of Colour ausschließen wollen. Das zeigt nur ihren Rassismus.

Für privilegierte Menschen ist es natürlich einfacher, sich unter sich zu treffen. Dann müssen sie sich nicht mit ihren Privilegien und ihrem diskriminierenden Verhalten auseinandersetzen und diskriminierte Personen kommen nicht und stressen rum.

Der Verein „Gladt e.V." hat den Reader „Frauen*Räume und die Diskussion um Trans*-Offenheit" (2010)[1] herausgegeben. Die Autor_Innen vertreten

---

1 Es gibt mittlerweile eine aktualisierte Neuauflage; da ich noch keine Gelegenheit hatte, diese zu lesen, beziehe ich mich hier auf die alte Version.

hier die Meinung, dass es vollkommen legitim und sogar wichtig ist, dass es Frauen*Räume gibt, die trans*Frauen ausschließen. Sie fügen dann diplomatisch an, dass es auch wichtig ist, dass es zusätzlich auch trans*offene Frauen-Räume gibt. Und überhaupt gäbe es ja auch Trans*- und Inter*-Räume. Das hört sich so an, als würde sich das der Fairness halber irgendwie ausgleichen.

Die Autor_Innen betonen: „Es gibt sowohl für die Öffnung, als auch gegen die Öffnung berechtigte Argumente". Nein! Gegen die Öffnung gibt es keine berechtigten Argumente. Es ist klar, dass Frauen-Räume offen für alle Frauen sein sollten, außer Ausnahmen, wie zum Beispiel ein Raum für trans*Frauen, Women of Colour oder Schwarze Frauen usw. Im nächsten Zitat geht es um die Entscheidung, ob Frauenräume trans*offen sind: „Es ist wichtig, die jeweilige Entscheidung zu respektieren und anzuerkennen, dass sowohl Frauenräume, als auch Frauen*räume und FrauenLesbenTrans*Räume als Gegenöffentlichkeit zur patriarchal geprägten Öffentlichkeit eine immense Wichtigkeit haben." Mit „Frauenräume", also ohne Sternchen hinter „Frauen" meinen sie, wie sie zu Beginn erklären, Frauenräume, die trans*Frauen und überhaupt trans*Menschen ausschließen (siehe unten, Abschnitt „Sternchen"). Hier betonen sie noch einmal, wie immens wichtig sie es finden, trans*Frauen auszuschließen. Können sie auch gar nicht oft genug sagen: „Denn wie schon gesagt, gibt es für jede Entscheidung gute Gründe."

Welche Gründe sie damit meinen, schreiben sie allerdings nicht. Das hätte ich ja mal interessant gefunden. Dann sagen sie, es gäbe ja auch die Möglichkeit, dass ein Frauenraum nur an bestimmten Zeiten für trans*inter*Personen offen ist. „Bei dieser Entscheidung ist es […] sehr entgegenkommend, für Nutzer_innen und Interessierte nach außen hin nachvollziehbar zu machen, welches die Beweggründe für die teilweise Öffnung sind, warum (nur) diese Angebote / Zeiten offen sind." Der einzige Beweggrund, Frauenräume nur teilweise für trans*Frauen zu öffnen, ist Trans*misogynie. Aber wirklich seeehr entgegenkommend, wenn sie das nachvollziehbar machen. Stellt euch vor, ein linkes Kulturzentrum der ohnehin schon *weiß*-dominierten Szene, in der ohnehin schon rassistischen Welt würde sagen: „Wir sind nur an bestimmten Zeiten für Black People and People of Colour offen, sonst nur für *Weiße*. Aber wir sind so entgegenkommend unsere Beweggründe nachvollziehbar zu machen." Das wird doch hoffentlich keiner Gruppe einfallen! Und das würde dann doch hoffentlich niemensch akzeptieren!

Die Gruppe „w.i.r.", eine zu der Zeit nur aus trans*Männlichkeiten bestehende Gruppe, hat sich in ihrem tollen Reader „Same discussions as every year – Intervention gegen die (bewusste oder unbewusste) Ausgrenzung von trans*Frauen" den Argumenten gewidmet, die in verschiedenen Räumen zum Ausschluss für trans*Frauen benutzt werden:

„Partys: Da Partys meist keine politische Aktion sind, werden sie vermutlich geschlossen, um auf der Party ein sicheres Klima zu schaffen und die Party sicherer zu machen. [...] Was ändert sich daran, wenn trans*Frauen da sind? Nichts. Ist eine Party entspannter, wenn keine Männer da sind, so ändert sich das unter Anwesenheit von trans*Frauen nur, wenn cisFrauen diesen ihre Identität als Frau absprechen.
[...] geschlossene Demos fallen also eher unter den Punkt Aneignung von Räumen/ Empowerment/ agieren aus einer ähnlichen sozialen Position heraus. Wie wir weiter oben bereits geschrieben haben, sehen wir in dieser Hinsicht keine großen Unterschiede zwischen cisFrauen und trans*Frauen.
Gruppen: Die sehen wir ähnlich wie Demos. Die gesellschaftliche Position, aus der heraus agiert wird, ist mehr oder weniger dieselbe. [...]
Workshops: Gemeint sind damit vor allem Workshops in denen es Körperkontakt gibt, z.B. Selbstverteidigung für Frauen. Es gibt immer die Möglichkeit nicht mit einer Person Übungen zu machen, mit der mensch sie nicht machen will. Daher kann der Körperkontakt kein Grund sein, trans*Frauen komplett aus einem Workshop auszuschließen, falls ihre Körper überhaupt als männlich gelesen werden (können). Und wir halten es für sinnvoll, sich selbst zu fragen, was genau das Problem gerade ist und ob das nicht eher an eigenen Zuschreibungen liegt. [...] Auch inhaltliche Workshops können selbstverständlich geschlossen sein. Sei es, um den besagten Platz zu machen, sich überhaupt Sachen aneignen zu können, oder weil (cis)Männer inhaltlich da gerade einfach nichts zu suchen haben. Zum Beispiel in Workshops oder Vorträgen, in denen es um die Wiedererlangung selbstbestimmter Sexualität geht, die cisMännern nicht in derselben Weise gesellschaftlich aberkannt wurde. Trans*Frauen gehen als Frauen solche Workshops durchaus etwas an.
Klos: Klos sind glücklicherweise meist abschließbare Kabinen, von daher sehen wir eh nicht wirklich das Problem. Davon abgesehen: Wo sollen trans*Frauen sonst auf's Klo gehen?
Duschen: Duschen sind natürlich etwas komplizierter als Klos, weil die meisten Menschen sich beim Duschen ausziehen und Körper damit leider irgendwie wichtiger werden. Aus trans*Perspektive wäre es cool Duschzeiten zu haben, die keine reinen Frauen- oder Männerduschzeiten sind, da sich nicht alle eindeutig als Männer oder Frauen positionieren (können) oder sich nicht durch ausziehen

[...] outen wollen. Da unabhängig von der Identität viele Menschen Probleme mit gemeinschaftlichem Nacktsein haben, macht es Sinn – zumindest improvisierte – Einzelkabinenduschen zu schaffen.

Schlafräume: Da auch manche (Cis)Männer Probleme mit gemeinschaftlichen Pennplätzen haben, halten wir es allgemein für sinnvoll, die Möglichkeit anzubieten – neben gemeinsamen Pennplätzen – sich sicherer anfühlende Pennplätze in WGs zu nutzen. Also Zimmer, in denen mensch allein oder mit der Bezugsgruppe schlafen kann. Ansonsten fragen wir uns, ob es in Frauenschlafräumen ein tatsächliches Problem gibt oder ob es nur ums Prinzip geht. Die Offenheit eines Raumes für trans*Frauen öffnet den Raum nicht für alle, sondern nur für alle Frauen. Dass in gemeinsam genutzten Schlafräumen respektvollerweise Bekleidung beim Schlafen getragen werden sollte, halten wir eigentlich sowieso für selbstverständlich.

Safer Spaces: Safer Spaces sind Orte auf Veranstaltungen (zum Beispiel einem Camp), die vor allem als Rückzugsräume für Betroffene sexualisierter Gewalt oder anderer Übergriffe dienen, um erstmal aus der Situation rauszukommen und Unterstützung zu finden. [...] Da häufig Frauen Betroffene und Männer Täter sind, ist die Einrichtung eines Safer Spaces nur für Frauen naheliegend – aber nicht eines der generell nur für CisFrauen zugänglich ist. Niemand kann trans*Frauen absprechen, diesen auch zu brauchen. Ideal wäre es vermutlich, mehrere Rückzugsmöglichkeiten zu haben, um zum Beispiel auch dem Bedürfnis allein oder zu zweit, oder mit der Bezugsgruppe zu sein [...] nachzukommen. [...] Triggern können viele Sachen: Gerüche, eine Tasse Kaffee, ein bestimmtes Poster an der Wand. Es ist unmöglich alle Trigger von allen Betroffenen im Vorfeld zu beachten. Sobald sie bekannt sind, kann entsprechend gehandelt werden. Auch Personen können triggern, unabhängig ihrer Geschlechtsidentität, zum Beispiel weil sie eine bestimmte Frisur haben. Im Vorfeld auf Verdacht eine ganze Gruppe nicht-privilegierter Menschen auszuschließen, halten wir für falsch." (Gruppe w.i.r., „Same discussions as every year")

Sternchen?

Letztens war ja auch Frauen*kampftag-Demo in Berlin am 08. März. Da hatte mich eine Freundin gefragt, wie mensch das Wort „Frauen*kampftag" sagen kann, sodass sich auch trans*Weiblichkeiten mitgenannt fühlen. Schriftlich wird das ja oft mit einem „Sternchen" gemacht (Frauen*kampftag). Das Sternchen nach „Frauen" wird in so einem Zusammenhang oft verwendet für „auch trans*Frauen dürfen kommen", weil die Orgagruppe so „nett" und offen ist. Umgekehrt heißt das also, dass wenn kein Sternchen hinter Frauen steht, keine trans*Frauen gemeint sind, dass trans*Frauen also keine Frauen sind.

„Das Sternchen hinter dem Wort „Frauen" sollte zeigen, dass Transfrauen mit einbezogen werden. Dadurch wird allerdings impliziert, dass sie eigentlich keine „richtigen" Frauen sind, was die Verwendung des Sternchens in diesem Kontext als transmisogyn entlarvt." (Flyer „Jetzt neu! Ohne Sternchen!" der Gruppe „transgeniale f_antifa")

Mir hat zum Beispiel letztens jemand gesagt (da ging es um eine Sportgruppe), die Gruppe sei nur für FrauenLesben, nicht FrauenLesbenTrans*. Und da könne ich also nicht mitkommen. Aha, dann bin ich also keine „Frau" für sie. Das hat mich sehr geärgert, denn ich bin nicht nur „Trans*", sondern genauso auch „Frau". Das heißt, bei einer FrauenLesben-Veranstaltung bin ich am Start. Vorausgesetzt natürlich, ich hab Bock, was bei vielen dieser Veranstaltungen leider nicht ganz der Fall ist. Oder auch genauso, nur wohlmeinend: Da schrieb mir eine Freundin, um mich zu einer Frauen*party einzuladen. Sie schrieb: „Da kannst du auch kommen, da steht ein Sternchen hinter „Frauen*". Trans*Frauen werden im cisFeminismus eben oft nicht als „Frauen" akzeptiert, höchstens als das Sternchen, das manchmal mit dabei sein darf.

Mehr Hoffnungen hatte ich ja, als ich den Reader „Frauen*Räume und die Diskussion um Trans*-Offenheit" von „Gladt e.V." auf einem Infotisch liegen sah. Doch auch hier:

„Mit Frauen (mit Stern) sind alle Menschen gemeint, die als Frau sozialisiert sind und/oder als Frau wahrgenommen werden (d.h. Cis-Frauen, Transmänner, Transfrauen, Transgender). Mit Cis-Frauen bzw. Frauen (ohne Stern), sind alle Frauen gemeint, die sich selbst als Frau sehen, einen als weiblich angesehenen Körper haben und weiblich sozialisiert sind (d.h. Cis-Frauen)."*

Die Klammern sind übrigens Teil des Zitates und nicht etwa Ergänzungen von mir. Nein, das steht wirklich alles so da und ist ganz ernst gemeint! Das ist wirklich hart! Diese Schreibweise erweckt den Anschein, dass trans*Frauen keine ‚richtigen' Frauen wären. Denn wenn kein Stern hinter Frauen steht, meinen sie ausschließlich cisFrauen. So schreiben sie in ihrem Reader auch „Frauenräume für Frauen" und meinen damit, „dass der Raum nur von Cis-Frauen genutzt werden soll." (Seite 18) Nicht nur durch ihre Verwendung des Sternchens hinter ‚Frauen', sondern auch durch ihre unterschiedliche Schreibweise von ‚trans*Frauen' und ‚cisFrauen' entsteht der Eindruck, dass cisFrauen, die eigentlich echten Frauen wären. Sie schreiben: „Cis-Frauen" und „Transfrauen" Nur bei Cis-Frauen, steht das Wort „Frauen" für sich und groß geschrieben. Auch der Knüller, dass sie auch trans*Männer und Trans*gender unter das Label „Frauen*" fassen! Und da es hier um die Offenheit von FrauenRäumen geht, stellen die Autor_innen des Readers gleich klar, dass die weibliche Sozialisation ein Merkmal von CisFrauen ist, sowie auch ein „als weiblich angesehener Körper".[2] Dieses Sozialisationsargument und auch biologistische Argumente werden oft benutzt, um Ausschlüsse von trans*Frauen zu begründen. Wenn das so gemeint ist mit den Sternchen, fänd ich es ja besser, wenn das Sternchen heißen würde, dass auch cisFrauen kommen dürfen.^^

Das Sternchen wird allerdings sehr unterschiedlich verwendet und kann auch wichtig sein, um auch nicht-binäre Trans* und Inter*Menschen mit einzuschließen. Zum Beispiel fühlen sich manche nicht-binäre trans*Weiblichkeiten eher eingeladen, wenn ein Sternchen hinter „Frauen" steht, oder Personen, die sich nicht binär als „Frau" definieren, sich aber eher dem weiblichen Spektrum zuordnen würden. Oder, um zu sagen, dass alle Frauen in ihrer Unterschiedlichkeit und Selbstdefinition mitgemeint sind, einfach um sichtbar zu machen, dass Frauen unterschiedlich sind, in welcher Hinsicht auch immer. Manchmal soll mit dem Sternchen auch ausgedrückt werden, dass ‚Geschlecht' eine soziale Konstruktion ist. Mich stört ja auch weniger das Sternchen, als vielmehr die Haltung, die leider zu oft dahinter steckt. Da finde ich es wichtig, immer deutlich zu machen, für was das ‚Sternchen' steht, wenn es verwendet wird.

Wenn zum Beispiel eine Frauen*kampftag-Demo ein Stern hinter Frauen schreibt, um zu zeigen, dass sie auch trans*Frauen mitdenken, dann ist mir der Stern ziemlich egal, wenn sie in ihrem Aufruf keinerlei Trans*-Themen mitdenken und dafür kämpfen. Stellt euch vor, wir würden eine Frauen*Kampftag-Demo machen und würden im Aufruf ausschließlich über trans*Weiblichkeiten schreiben. Die Leute würden sagen „Hä, ist das so'n CSD oder Trans*Marsch, oder was?" Und wir könnten sagen: „Hey, ich weiß gar nicht, was ihr habt. Wir haben doch ein „Sternchen" hinter Frauen* geschrieben. Da könnt ihr euch mitgedacht fühlen."

FaulenzA, Album: „Einhornrap"

Trans*misogynie

Refrain:
Lasst uns respektvoll leben, straightes Denken über Bord,
über Mann und Frau und hetero, nur weg damit sofort!
Du kennst doch nur mein Ausseh'n – wie kannst du davon ausgeh'n,
dass du jetzt schon etwas weißt? Das kann ich nicht aussteh'n.

Du denkst, FLT*I*-Räume wären nur für cisFrauen da.
Betret ich einen, nehm ich erstmal Misstrauen wahr,
fühl mich abgescannt, „Ist das jetzt ,ne Frau oder Mann?"
Würd mir wünschen, dass ich das Gefühl hier abschalten kann.
Jetzt bin ich da, doch noch fühlt es sich nicht safe an.
Ich beweg mich unlocker, wie nüchtern unter Ravern.
Schon auf dem Flyer stand „offen nicht für alle Trans*",
denn betroffen von Sexismus wär'n trans*Frauen oft nicht ganz.
Trans*Männer wär'n willkommen – der Flyer sagt es schriftlich.
Das ist Trans*misogynie, ich glaube, das betrifft mich.
„Wer ist richtig?", sagt das die cisPerson dort an der Tür?
Ich komm mit mulmigem Gefühl, dafür bin ich echt nicht hier.
Sie sagt: „Cis-Typen kamen auch schon her", als ob ich daran Schuld war.
Ist deshalb auf der Einladung ganz vorne eine Vulva?
Danke, mich rechtfertigen kann ich auch in der S-Bahn haben.
Das ist hier ein Freiraum und hier will ich keinen Stress ertragen.

Du siehst nicht an der Nase meine Sozialisation,
natürlich ist sie weiblich, was weißt du von mir schon?
Auch vor meinem Coming-out bekam ich euren Dreck ab
und fühlte mich nur unsicher wie Daten ohne Backup.
Zum Vortrag über Frauenkörper geh ich sicher nicht,
die Beschreibung schlägt mir gleich wie ein paar Fäuste ins Gesicht.
Ich verzicht' auf den Kurs „weibliche Sexualität".
Beide sagen mir, wer eine Frau ist und wer gar nicht geht.
Wenn du so etwas siehst und nicht selbst betroffen bist,
solche trans*feindlichen Texte oder auch anderen Mist,
find ich's wichtig einzugreifen, solidarisch und spontan.
Vielleicht kannst du den Betroffenen dann diesen Scheiß erspar'.n
Das ist Trans*misogynie – ich könnte nur vor Wut schrei'n,
wünsch mir safe Räume, die könnten doch so gut sein!
Einmal nur ,nen Tag aus Glitzer wär absolut fein.
Ich schreib mal an den Weihnachtsmann, vielleicht krieg ich ,nen Gutschein.

Weg mit den alten Frauenbildern, die sind oft noch üblich.
Ich lüg nicht, Frauenkörper sind echt unterschiedlich,
hab'n verschiedene Genitalien, große Brüste oder nicht,
unterschiedlich Haarwuchs oder Größe und Gewicht.
Manche Frauen tragen kurzes Haar, geben sich androgyn,
andre geb'n sich feminin und alle sollten hier erblüh'n.
Dein Frauenbild ist alt, denn es gibt jeden Unterschied,
jede Art und Weise Frau zu sein, wie es Frauen gibt.
Lasst einfach respektier'n, wie Menschen ihren Körper nenn',
bestärken drin uns selbst zu lieben, so wie unser größter Fan.
Egal, was andre in uns seh'n, wir sind alle zauberschön.
Heute will ich glitzern, will ich lächelnd durch den Abend geh'n.

Auch die Trans*Community ist leider keine Seifenblase, die außerhalb der Gesellschaft existiert und in der alles pink, glitzernd und wundervoll ist. Privilegien und Diskriminierungen, die es in der übrigen Gesellschaft gibt, gibt es hier natürlich auch. So erfahre ich auch hier männliche Dominanz und Trans*misogynie. Das ist schlimm und lässt mich manchmal verzweifeln. Wenn ich mich selbst in queeren und Trans*Räumen oft nicht wohl fühlen kann, welche Möglichkeiten bleiben mir dann noch mich irgendwo sicher, gesehen und dazugehörig zu fühlen? Viele Menschen glauben, männliche Dominanz gäbe es nur unter cisMenschen. Das kommt vielleicht daher, dass cisMenschen nicht verstehen, dass ein trans*Mann ein Mann und eine trans*Frau eine Frau ist. Und nicht-binäre Identitäten verstehen sie erst recht nicht. Doch auch viele trans*Männlichkeiten sehen ihre männlichen Privilegien und ihre Trans*misogynie nicht – sehen nicht ihre Machtposition. Dies gilt auch für nicht-binäre trans*Personen, die sich eher dem (trans*)männlichen Spektrum zugehörig fühlen.

So werden auch in der queeren Szene und in der Trans*Community die sichtbarsten Aufgaben von cisLeuten und trans*Männlichkeiten übernommen. Damit meine ich Aufgaben, wie zum Beispiel Orga-Arbeit, Theke, Tür, Awareness. Referent_Innen, Künstler_Innen, Tontechnik, überhaupt Jobs im queeren Bereich. Auch nehmen cisMenschen und – in Trans*Gruppen – trans*Männlichkleiten oft den meisten Raum im Plenum ein.

So gehe ich auf eine queere Party und auf der Bühne steht ein trans*Mann oben ohne. Seine Mastektomie (Brustentfernung) hat er natürlich hinter sich. Und so zieht er auf der Bühne sein Shirt aus, eben weil er es kann. Wo bleibt da der Feminismus? Das ist, meiner Meinung nach, kein reflektierter Umgang mit männlichen Privilegien. Für (cis- und trans*)Weiblichkeiten und für trans*Männlichkeiten, die keine Mastektomie gemacht haben, wäre das nicht so einfach möglich. Natürlich ist es für Menschen, die sich im trans*männlichen Spektrum verorten, noch ein anderes Thema, sich oben ohne zu zeigen, als für cisMänner; auch wenn sie eine flache Brust haben. Oft sind Narben von der Operation zu sehen und so ist es für viele mit Scham verbunden, sie zu zeigen. Da sollte ihr Empowerment nur nicht auf Kosten von anderen gehen, finde ich.

Bestimmt gibt es auch einen Rahmen, in dem es ok ist, sich in Absprache aus-
zuziehen, wo es dann für alle cool ist.

In queeren Gruppen und queeren linken Wohnprojekten gibt es oft nur eine
tapfere trans*Frau oder gar keine, während trans*Männlichkeiten sichtbarer
sind. Das wird oft nicht gesehen. Letztens hat ein trans*Mann zu mir gesagt,
er fand es gut, dass wir als trans*Menschen gestern im Plenum so gut vertreten
waren. Aber im Plenum waren fünf trans*Männlichkeiten, ein paar cisFrauen
und dann noch ich, als einzige trans*Frau. Ich hab mich nicht gut vertreten
gefühlt und konnte mich kaum in dieser mackermäßigen Runde einbringen.
Das liegt schon an ihrem Redeverhalten und der Art und Weise, wie sie mit mir
reden und mich gar nicht erst reden lassen. Das liegt auch an der Atmosphäre
in der Gruppe.

Jobs im queeren Bereich, zum Beispiel Beratungstätigkeiten, werden
fast gar nicht von trans*Weiblichkeiten ausgefüllt und noch seltener als von
trans*Männlichkeiten. Vielleicht können wir uns in Bewerbungsgesprächen oft
nicht so cool und selbstbewusst präsentieren wie andere. Und das hat auch seine
Gründe.

Soweit ich gehört habe, bestand auch das Orga-Plenum für den trans*March
2013 überwiegend aus trans*Männlichkeiten. Und ich weiß auch von
trans*Weiblichkeiten, dass sie sich dort nicht so wohlgefühlt haben. Das merkt
mensch dann auch inhaltlich. Für trans*Männer ist es leicht „Sichtbarkeit" zu
fordern. Oft haben trans*Männer, die Testo^G nehmen, ein besseres Passing als
trans*Frauen, weil durch Testo ja unter anderem die Stimme tiefer werden kann
und Bartwuchs angeregt werden kann, während zum Beispiel bei trans*Frauen,
die Estro^G nehmen, nicht die Stimmer höher wird. So ist die „Sichtbarkeit" von
trans*Weiblichkeiten oft der Grund für Gewalt und Belästigungen auf der Straße. Natürlich bin ich für *politische* Sichtbarkeit von trans*Themen. Ich würde
hier aber eher von „politischer Berücksichtigung" oder „politischem Gewicht"
von trans*Themen reden. Nach all dem, was ich auf der Straße erlebt habe und
erlebe, ist „Sichtbarkeit" für mich doch sehr negativ besetzt.

Auch wollte die Trans*March Gruppe, soweit ich gehört habe, den Trans*March
nicht auf den 20. November legen. Dies hätte das Thema „Gewalt gegen
trans*Menschen" in den Vordergrund gerückt, denn der 20. November ist der

„Trans*gender Day of Remembrance", an dem allen durch Trans*feindlichkeit ermordeten trans*Menschen gedacht wird. Von trans*feindlichen Morden sind fast nur trans*Frauen und besonders trans*Frauen of Colour betroffen. Hierauf gehe ich im nächsten Kapitel näher ein.

Und wenn es denn mal eine Trans*Tagung in Berlin gibt, steht sie wie 2014 unter dem Motto „Männlichkeit*", was also die Belange von trans*Weiblichkeiten gleich von vorne herein ausschließt.

Um trans*männliche Dominanz in der Trans*Community zu zeigen, bietet Berlin natürlich besonders viele anschauliche Beispiele; eben weil dort mehr trans*Menschen auf einem Haufen leben, als in den meisten anderen Städten in Deutschland. Dennoch widerspreche ich dem Einwand, dass trans*männliche Dominanz und Trans*misogynie Berliner Phänomene sind. Ich selbst wohne erst seit kurzem in Berlin und habe meine Erfahrungen in der queeren Szene hauptsächlich in NRW gemacht. Wenn ich dort in einem Autonomen Zentrum oder so bin, freue ich mich schon riesig, wenn ich überhaupt mal eine trans*Person treffe. In den meisten Städten gibt es aber auch Trans*-Selbsthilfe-Gruppen, Trans*Stammtische, oder selten auch politische Trans*- und queere Gruppen. Und dort ist es meist nicht viel anders, was trans*männliche Dominanz angeht.

3. Trans*misogynie und Gewalt

Die Anzahl der Gewaltverbrechen gegen trans*Menschen ist im Verhältnis zu der Anzahl der Gewaltverbrechen gegen cisMenschen sehr hoch und die große Mehrheit der Gewaltopfer sind trans*Frauen. So richtet sich über die Hälfte der Gewaltverbrechen gegen LGBTIA+ (LesbianGayBiTrans*Inter*Agender+) gegen Menschen, die negativ von Trans*misogynie betroffen sind. Von ihnen sind ¾ Schwarz bzw. People of Colour! Verschiedene Quellen liefern verschiedene Zahlen, aber alle, die ich gefunden habe, zeigen dieselbe Tendenz. Ausgewählt habe ich dann Zahlen aus einem tollen Artikel von Laverne Cox: „Laverne Cox explains the intersection of transphobia, racism, misogyniy (and what to do about it)" (Laverne Cox: Every Day Feminism).

Am 20. November, dem „Trans*Gender Day of Remembrance" (TDoR), wird an all die Menschen erinnert, die wegen trans*Feindlichkeit ermordet wurden.

„Initiiert wurde der Gedenktag von Gwendolyn Ann Smith, einer Transfrau, die als Grafikdesignerin, Kolumnistin und Aktivistin in San Francisco arbeitet. Anlass war der Mord an Rita Hester in Allston (Massachusetts) im November 1998. Hester, afro-amerikanische Transfrau, war in ihrer Wohnung erstochen worden. Über den Mord gab es nahezu keinerlei Berichterstattung und der Fall gilt bis heute als ungeklärt. Smith gründete daraufhin das Internet-Projekt „Remembering Our Dead", aus dem später zu Ehren von Rita Hester[1] der internationale Transgender Day of Remembrance hervorging."[3]

Leider findet dieser wichtige Tag nur wenig Beachtung in der queerfeministischen und feministischen Szene. Oft wird in diesem Zusammenhang nur von trans*Menschen im Allgemeinen geredet und dabei übersehen, dass fast alle ermordeten Personen trans*weiblich sind und die große Mehrheit von ihnen

---

3   Zu dem Thema trans*Frauen in Männerknästen wurde mir übrigens die Doku „Cruel and Unusual. Transgender Women in Prison" (gibt's komplett auf youtube, aber nicht verwechseln mit dem Spielfilm „cruel and unusual") empfohlen. Ich habe sie noch nicht gesehen, aber vielleicht ist das ein guter Filmtipp?

trans*Frauen of Colour und Schwarze trans*Frauen. Auf den Seiten *http:// tdor.info/* und *http://transrespect.org/en/transgender-day-of-remembrance-15-tmmupdate/* könnt ihr euch genauer informieren. Das TDoR-Team zählt 88 veröffentlichte Morde zwischen dem 21.11.2013 und dem 19.11.2014, das *Transgender Europe*-Team zählt 226 Morde zwischen dem 01.10.2013 und dem 30.09.2014. Das sind allein die, die öffentlich bekannt wurden und bei denen Trans*feindlichkeit als Ursache bekannt ist. Ich gehe davon aus, dass viele Morde von solchen Statistiken ungesehen bleiben.

Wie ich schon im letzten Abschnitt erwähnt habe, sind trans*Weiblichkeiten besonders häufig von Belästigungen auf der Straße betroffen. Vom gemeinen Spruch und Auslachen, bis zum Grabschen und Verprügeln. Street Harresment (Belästigung auf offener Straße) läuft bei trans*Frauen noch etwas anders als zum Beispiel bei *weißen* able bodied cisFrauen. Manche rufen uns blöde Anmachsprüche hinterher, andere erkennen uns als Trans* und wollen uns am liebsten gleich auf die Fresse hauen. Trans*Frauen scheinen mir für viele als Personen zu gelten, die mensch einfach anfassen, belästigen und verprügeln darf. Auf jeden Fall fallen wir für diese Macker nicht unter „Ich schlage keine Frauen." Trans*Frauen haben es oft schwerer, als Cis zu passen als trans*Männer. Dennoch kann nicht allgemein gesagt werden, dass trans*Weiblichkeiten immer stärker von Gewalt auf der Straße betroffen sind, als trans*Männlichkeiten. Denn oft spielen noch andere Betroffenheiten von Diskriminierungen eine Rolle.

Viele Gewaltverbrechen gegen trans*Menschen beginnen auch damit, dass eine trans*Frau für eine cisFrau gehalten wird und aufdringlich angeflirtet wird. Bis die Täter merken, dass sie Trans* ist und dann ausrasten. Viele Gewaltverbrechen gegen Trans* finden auch innerhalb von Familien oder in sexuellen Beziehungen statt. Mir macht das ein sehr unsicheres und nervöses Gefühl. So achte ich darauf, abends und nachts nicht alleine von Veranstaltungen oder Freund_Innen nach Hause zu gehen und meide öffentliche Verkehrsmittel. Zu oft kommt es zu Belästigungen. Gewalt gegen trans*Frauen macht mich leider auch beim Flirten gehemmt und ängstlich. Vor allem, wenn ich blöde von Checker-Typen angeflirtet werde. Wenn sie merken, dass sie gerade mit einer trans*Frau flirten, werden sie vielleicht aggressiv, um ihr Cis-Hetero-Macker-Ego wieder aufzurichten. Bestenfalls lachen sie mich nur aus. Aber ich bin auch ängstlich, wenn mich ein Mann anflirtet, den ich tatsächlich auch attrak-

In Männer- wie in Frauenknästen
werden trans*Frauen
Opfer von Gewalt.
Als Antwort sperren Knäste
trans*Weiblichkeiten zum Teil in Einzelhaft.
Vereinsamung zu ihrem eigenen Schutz.

tiv finden könnte. Ich hatte letztens eine Situation, da hätte ich mich nur zu gerne einem Flirt hingegeben. Vielleicht ein Kuss, ein bisschen Zärtlichkeit... Aber was, wenn der Typ plötzlich merkt, dass er gerade mit einer trans*Frau knutscht? Meistens bleiben mir solche Fragen aber sowieso erspart, weil Leute erkennen, dass ich Trans* bin oder mich nicht attraktiv finden.

Menschen, die sich eher im trans*weiblichen Spektrum verorten, erfahren oft Belästigungen und Diskriminierung durch die Polizei. Besonders trans*Frauen of Colour werden von der Polizei rassistisch und gendersterotyp wahrgenommen und dementsprechend sexualisiert und als kriminell eingeordnet. Das macht es auch so schwer, sich an die Polizei zu wenden, um Hilfe in Gewaltsituationen zu bekommen. Vor allem in nicht westeuropäischen Ländern sind trans*Frauen häufig in der Sexarbeit tätig, was Repression und Diskriminierung durch Polizei nach sich zieht. Eine von fünf trans*Frauen war schonmal im Knast, also 21% (USA). Bei Schwarzen trans*Frauen sind es 47%. Trans*Frauen werden oft gezwungen, in den Männerknast zu gehen. Deshalb wollen vor allem trans*Frauen das Verfahren der Personenstandsänderung anstreben, weil viele Angst vor cisMänner-Knästen haben. Und das Verfahren ist pathologisierend, grenzüberschreitend, verletzend. Du musst dir die Diagnose holen, dass du „gestört" bist, du musst dich von zwei Psychiater_Innen/Psycholog_Innen begutachten lassen, dort in mehreren stundenlangen Terminen über intimste Details erzählen. In Männer- wie in Frauenknästen werden trans*Frauen Opfer von Gewalt. Als Antwort sperren Knäste trans*Weiblichkeiten zum Teil in Einzelhaft. Vereinsamung zu ihrem eigenen Schutz.

Wie in diesem kurzen Abschnitt hoffentlich deutlich wurde, werden trans*Weiblichkeiten häufig Opfer von extremster Gewalt. Dennoch werden Trans*Frauen oft von Frauenhäusern und anderen Krisenräumen ausgegrenzt, obwohl es diese Räume als Antwort auf Gewalt gegen Frauen gibt.

Trans*Weiblichkeiten werden häufig Opfer von extremster Gewalt. Dennoch werden trans*Frauen oft von Frauenhäusern und anderen Krisenräumen ausgegrenzt, obwohl es diese Räume als Antwort auf Gewalt gegen Frauen gibt.

FaulenzA, Album:"Einhornrap"

Trans*Day of Remembrance

Aus der Trauer wächst Wut und die Power macht Mut,
ich bleib stark und gedenke der Toten.
Zeig die Faust und denk ganz der ermordeten Trans*-
Menschen, spiele die Trauerlied-Noten.
Aus der Trauer wächst Wut, ich werd sauer, das Blut
klebt an Händen von Macker-Idioten.
Doch kein Tod wird vergessen, wir werden euch stressen
und heute denk ich an die Toten

20. November, Trans*day of Remembrance,
gedenke, remember die Gewalt, the violence,
ermordete trans*Menschen, so viele Tote
durch Trans*feindlichkeit, die auch mich oft bedrohte.
Ich kenn die Gewalt auf der Straße, den Hass,
die Verachtung, hab Angst in der U-Bahn, in Bars
und die Angst nehm ich mit, meine tägliche Begleiterin
– so viele tot und sie sterben auch weiterhin.
Ich werd sie nicht vergessen, werde meine Angst in Wut verwandeln,
kann nur nach vorne sehen, versuchen, gut zu handeln.
Solang es Hass gibt und das Leid, das ich ahne,
schreib ich mir 'Trans*-Pride' auf die Fahne.
300 Morde weltweit im Jahr – viele ungezählt,
ich kämpfe, weil mich sonst der Schmerz wie eine Wunde quält.
Ermordete Trans* sind fast alle trans*Women,
die meisten of Colour, ich werd nicht verstummen.

20. November, Trans*day of Remembrance,
gedenke, remember die Gewalt, the violence.
Es ist mir so wichtig zu erinnern, zu zeigen,
die trans*Menschen zu ehren, die nun für immer schweigen.
Da war Islan Nettles, ging letztens durch New York,
da baggern sie so Typen an. Kein' Bock auf diesen Talk,
dann der Schock, das ist ne Trans*Frau – sie sehen rot,
die brutalen Macker schlagen sie, treten bis zum Tod.
Ist nur eine von 300, die mit Qualen verstirbt.
Niemand fragt, wer sich hinter den Zahlen verbirgt.
Sind fast alles trans*Frauen, doch ihr schaut nur weg
und von ihnen die meisten of Colour und Black.
Das ist Rassismus und Trans*phobie, wie sie zusammen wirken.
Hass, Gewalt, Verachtung, in allen Stadtbezirken.
Und selbst ich kenn die Gewalt, weshalb ich das nicht komisch find,
dass von Morden gegen Trans* fast alle trans*Frauen sind.
Meistens kommt dazu Rassimus, der die Straßen blutig rötet,
denn Trans*phobie, Rassismus und Sexismus tötet.

Für so viele bleibt Verzweiflung und Rauschgift bloß
und auch mir scheint manchmal alles nur so aussichtslos.
Ich fahr' lieber eine Stunde Rad, trau' mich nicht in die U-Bahn.
Hab kein Bock auf Training, doch brauch das Gefühl, dass ich Kung-Fu kann.
Meine Freundinnen und Freunde die Gespräche tun gut,
viele kennen die Gewalt, zusammen dreh'n wir Angst zu Wut.
Auch cisMenschen of Colour und Black kennen Gewalt
und all den Hass, auch bis zum Tod. We fight back, dass es knallt.
Hab kein Bock vor Angst zu schweigen. Damit ist Schluss.
Zeige meine Faust gegen Trans*phobie, Rassismus,
Trans*Misogynie und all den Scheißdreck.
Da will ich viele Fäuste sehen.
We fight back!

4. Von 'Schwanz ab-Feminismus' und 'Menstruationsneid'

Auch mit biologistischen, also auf den Körper bezogenen, Argumenten werden trans*Frauen ausgeschlossen, bewusst und unbewusst. Das ist 'Schwanz ab-Feminismus' in verschiedenen Formen. In feministischen Texten, Aktionen etc. zeigt sich oft die cisPerspektive – auch wenn es um die Thematisierung von Körperlichkeit geht. So wird von „*dem* weiblichen Körper" und „*dem* weiblichen Genital" ausgegangen und darüber Gemeinschaft konstruiert. Wer zu dieser Gemeinschaft dazugehört und wer nicht, wird somit auch auf diesem Wege allzu oft deutlich gezeigt. Die Lebensrealität von trans*Frauen wird meist nicht gesehen, unsere Körper abgewertet und tabuisiert. Auf feministischen Partys werden Plüsch-Vaginen gebastelt (die alle cis-normativen Vorstellungen entsprechen), Sticker und Flyer zeigen Vaginen als ein Symbol für Feminismus. Gibt es auf Ladyfesten Workshops zum Thema ‚weibliche Sexualität', ist klar, was gemeint ist. Auf einer FLT*I*-Sexparty sollen trans*weibliche Körper bedeckt bleiben. Verschiedenste „Schwanz ab-Motive" werden auf Stickern und T-Shirts gedruckt. Entweder ganz offen. Oder Eier als Bild für Hoden, Banane für Penis. Und überhaupt immer Penis als Bild für Männlichkeit und für Sexismus. Andere Sticker sagen: „Grabschen macht impotent" und zeigen eine Person mit Messer. Auch hier wird ein Bild erzeugt von „Schwanz ab!". So, als ob Menschen, die einen Penis haben, potenzielle Grabscher_innen wären oder als ob der Penis sie zu Grabscher_innen machen würde. Es könnte ja auch heißen: „Wer grabscht, kriegt auf die Fresse". Beispiele gibt es ohne Ende und ein paar zeige ich hier.

Viele Menschen fühlen sich unwohl mit trans*Weiblichkeiten, weil sie Trans*misogynie verinnerlicht haben. Das ist bei vielen cisFeministinnen leider nicht anders. Wenn sie trans*Frauen ausschließen wollen, sagen sie aber nicht als Grund: „Ich bin trans*misogyn" oder „Ich bin scheiße". Nein, sie verkleiden ihr Diskriminierungsverhalten in pseudopolitische und akademisch klingende Argumente, wie eben das genannte „Sozialisationsargument", aber auch in biologistische Argumente. Eines ist zum Beispiel, dass Verhalten angeboren wäre und nicht ansozialisiert. In meinen Vorträgen höre ich oft, dass Mackerverhalten mit dem männlich zugeschriebenen Sexualhormon „Testosteron" zusammenhängen würde. Sie erklären mir dann, dass Frauenräume, in denen trans*Frauen am Start sind weniger sicher wären, weil ihr Testo-Spiegel sie machomäßig, aggressiv und übergriffig machen würde. Auf solche Weise werden Verhaltensweisen, die Feministinnen bei cisMännern kritisieren, auf körperliche Merkmale zurückgeführt. Nach dieser biologistischen Sichtweise ist Verhalten angeboren und nicht ansozialisiert, was ich sehr kritikwürdig finde. Damit schreiben sie trans*Frauen „männliches Verhalten" zu und sprechen ihnen überhaupt das „Frau sein" ab. Inwieweit Hormone unser Verhalten beeinflussen, ist wissenschaftlich sehr unklar. Klar ist, dass gesellschaftlich körperliche Merkmale als männlich oder weiblich zugewiesen werden und dass auch Verhaltensweisen als männlich oder weiblich eingeordnet werden. Meiner Meinung nach ist es gefährlich, falsch und diskriminierend, wenn dies nicht als gesellschaftliche Konstruktion und Machtverhältnis gesehen wird, sondern der Biologie, der Natur der Menschen zugeschrieben wird. Dieses Denken ist aber tief in unserer Gesellschaft verankert, auch bei trans*Menschen. So kannst du in Trans*-Foren sowas lesen wie: „Ich nehme seit 2 Wochen Estrogene[G] und plötzlich habe ich voll Lust auf shoppen!" Das ist doch Quatsch. Ich will ja auch gar nicht groß erklären, dass trans*Frauen oft einen höheren Estro-Spiegel haben als cisFrauen. So was höre ich manchmal als Gegenargument bei meinen Vorträgen. Doch das ist nur scheinbar ein Gegenargument, denn eine trans*Frau kann den höchsten Testo[G]-Spiegel der Welt haben und das sagt nichts darüber aus, ob sie sich scheiße verhält oder nicht. Trans*Männlichkeiten werden auch nicht automatisch zu Mackern, weil sie Testo nehmen. Ich würde generell den

Wenn ich
als trans*Frau mich nicht epiliere
sagen Feminist_Innen,
ich sei ein Mann.
Wenn eine cisFrau sich nicht epiliert
ist sie eine Rebellin.
Ich bin sehr wohl eine Rebellin,
auch wenn ich mich epiliere.

Zusammenhang von Hormonen und Verhalten sehr in Frage stellen und kritisieren, dass aus unbegründbarem biologischem Halbwissen politische Argumente und Diskriminierungen abgeleitet werden. Dass Diskriminierungen biologisch begründet werden, ist auch nicht neu. So wurde früher gegen das Frauenwahlrecht argumentiert, dass Frauen schon durch ihren Körper weniger stabil, besonnen und rational wären. Und auch in anderen Bereichen wurden und werden Machtverhältnisse mit biologistischen Pseudo-Argumenten begründet und gefestigt. Das ist immer scheiße. Und es ist auch scheiße, wenn Feministinnen Biologismus nutzen, um diskriminierte Gruppen von Frauen und Weiblichkeiten auszuschließen.

Auf einem meiner Vorträge wurde plötzlich heiß diskutiert, weil eine Person darauf beharrte, dass Menschen, die einen Penis haben, generell im Patriarchat privilegiert sind. Plötzlich war dann dauernd das Wort „Penisträger_Innen" im Raum. Ein schreckliches Wort. Ich möchte bitte nicht darüber definiert sein und mein Genital ist auch nicht das, was mich ausmacht. Ich hoffe es ist bisher deutlich geworden, dass Menschen nicht automatisch privilegiert sind, nur weil ihr Genital als „Penis" gelesen wird. So sind trans*weibliche Personen, die keine körperverändernde OP gemacht haben, ebenso vom Patriarchat unterdrückt wie alle cisFrauen. Außerdem kann mir kein Mensch erklären, dass mein Genital mein Privileg ist, weil ich sehr darunter leide und für mich genannte OPs plane.

Da habe ich letztens in einem queerfeministischen Text den Slogan: „Rebellieren statt epilieren!" gelesen. Auch hier wird meiner Meinung nach eine cisfeministische Perspektive deutlich, die vom cis-normativen weiblichen Körper ausgeht. Eine cisFrau kann verhältnismäßig einfach rebellieren statt epilieren, denn ihr wächst meist nicht ein dichter Vollbart im Gesicht, wenn sie es unterlässt. Es wird auch deutlich, dass sich dieser Slogan nur an cisFrauen richtet. Denn wenn ich als trans*Frau mich nicht epiliere, meine bärige Körperbehaarung sprießen lasse, sagen Feministinnen, ich sei ein Mann. Wenn eine cisFrau sich nicht epiliert, ist sie eine Rebellin. Ich möchte aber behaupten, dass ich sehr wohl eine Rebellin bin, auch wenn ich mich epiliere. Außerdem wurde Epilation bei mir, als ich noch am Anfang meiner Transition stand, auch als eine Rebellion gegen Geschlechterrollen-Erwartungen wahrgenommen. Parolen wie diese zeigen, wer die Adressatinnen des Feminismus sind und wer nicht.

Ein linker Ort hängt den Hinweis aus, dass „Menschen, die als männlich gelesen werden können" keinen freien Oberkörper zeigen dürfen. Das trifft natürlich auch auf viele trans*Frauen zu. Trans*Weibliche Körper werden ja eh schon tabuisiert und abgewertet. Dazu haben viele trans*Menschen ein schlechtes Verhältnis zu ihrem Körper. So wäre es für mich sowieso nicht vorstellbar, mich oben ohne in einem cis-dominierten Raum zu zeigen. Dass sie hier das Entkleidungsverbot speziell auch für trans*Weiblichkeiten aufmachen, verstärkt mein Gefühl, den falschen Körper für die feministische Szene zu haben und fehlerhaft zu sein. Ich finde es legitim zu sagen: „Männer sollten nicht oben ohne rumlaufen" oder auch „niemensch sollte oben ohne rumlaufen". Aber ich finde es nicht gut, wenn eh schon marginalisierte Körperlichkeiten diskriminiert werden. So auch auf der feministischen Sexparty „Am Anfang ist das Wort":

„Am Anfang ist das Wort" Sexparty für FLT*I*

„Es gibt keinen Dresscode. Wie du dich sexy fühlst, bleibt dir überlassen. Alle Körperlichkeiten der Anwesenden verdienen Respekt. [...] Penis, Hoden sowie eine ‚flache' Brust sollen in diesem Bereich bedeckt bleiben" [4]
(Letzteres ist auf den Bar- und Tanzbereich bezogen.)

Dies ist ein Auszug aus den Regeln einer feministischen Sex-Party. Die Gruppe „transgeniale f_antifa" hat ihn als Beispiel für ihren „Transmisogynie"-Workshop ausgewählt, welches sie dort in Kleingruppen besprechen. Diese Regel ist aus meiner Sicht diskriminierend und auf keinen Fall akzeptabel! Nachdem ich durch den Workshop von der transgenialen f_antifa auf diese Party aufmerksam wurde, beschloss ich auch in meinem Buch darüber zu schreiben, weil es ein sehr anschauliches Beispiel für Trans*misogynie in der feministischen Szene ist. Ich checkte dann die Internetseite der Sexparty, um zu sehen, ob sie in irgendeiner Form auf die Kritik reagiert hatten oder ob die Regel vielleicht raus genommen wurde. Leider gibt es sie immer noch. Statt sie zu entfernen, haben die Party-Orga-Leute lieber zwei Texte veröffentlicht, die diese Regel rechtfertigen sollen. Aus diesen Texten zitiere ich nun ein wenig und füge dann gleich meine Kommentare ein:

4   Dieses und die folgenden Zitate: http://www.daswort-sexparty.de

„Wegen konkreter Erfahrungen mit sexualisierter Männergewalt kann die Anwesenheit von Menschen mit männlicher Identität oder Menschen mit ehemals männlicher Sozialisation oder mit Geschlechtsteilen / Körpermerkmalen, die vorherrschend als männlich gelten, bei einer Sexparty als Trigger^G wirken."

Trans*Frauen sind nicht männlich sozialisiert (auch nicht ehemals). Fremdzuschreibungen von cisMenschen, die uns eine männliche Sozialisation unterstellen, sind voll scheiße und haben ihre Ursache in der verinnerlichten Trans*misogynie dieser Leute. Wenn es hier einen Trigger gibt, dann kommt er aus der eigenen Trans*misogynie, weshalb ich empfehlen würde, genau da anzusetzen: Sich mit ihr ernsthaft auseinanderzusetzen und Fremdzuschreibungen abzubauen. Denn trans*Frauen können nicht so lange ausgeschlossen werden, bis cisMenschen es schaffen Fremdzuschreibungen abzubauen.

Das zentrale Argument der Am-Anfang-ist-das-Wort-Gruppe ist ja, dass Geschlechtsteile, die als männlich gelesen werden können, triggern – also traumatische Erlebnisse wachrufen – können. Oder auch genereller, dass viele FLT*I*-Menschen Geschlechtsteile, die männlich gelesen werden können, als bedrohlich empfinden bzw. sich unwohl fühlen, sie zu sehen. Triggern kann alles. Ein Geruch, ein Kleiderstück usw. Ebenso kann so Unterschiedliches als bedrohlich wahrgenommen werden oder unangenehm für Menschen sein. Dagegen sind Dildos, künstliche Penisse und so erlaubt. Die Gefahr, dass Leute sich mit etwas unwohl fühlen und von etwas getriggert werden könnten, wird hier anscheinend nur gesehen, wenn es um als männlich gelesene Körpermerkmale geht. Wer fragt danach, womit sich trans*Weiblichkeiten in einem cisdominierten FLT*I*-Raum unwohl fühlen könnten? Und warum oft so wenige kommen? Natürlich gibt es Menschen, die sich unwohl fühlen, wenn sie als männlich gelesene Genitalien sehen, oder die davon getriggert werden. Es gibt auch Menschen, die sich generell unwohl fühlen, mit Nacktheit konfrontiert zu sein oder auch mit weiblich gelesenen Genitalien. Wie aber damit umgehen auf einer feministischen Sexparty, wo „alle Körperlichkeiten Respekt verdienen"? Mensch kann sich ja überlegen, ob mensch auf eine Party gehen möchte, wo alle nackt rumlaufen und Sex haben. Aber dass einigen Inter*Trans*-Personen gesagt wird, sie sollen angezogen bleiben, geht gar nicht. Wie wäre es, wenn *alle* Party-Besucher_Innen ihre Geschlechtsteile im Bar-Bereich bedeckt ließen?

„[...] Wir würden zwar entschieden denjenigen zustimmen, die sagen, dass patriarchale sexualisierte Gewalt keine Frage der Anatomie/Hormone ist; aber wir tendieren auch dahin zu sagen, dass sexualisierte patriarchale Gewalt – unter den existierenden gesellschaftlichen – und d.h. auch ideologischen und diskursiven – Verhältnissen, in denen biologischen Verständnisse von Sexualität und Männlichkeit vorherrschend sind, stattfindet. Das heißt: Wir tendieren zur Auffassung, dass Anatomie und Sozialisation hier und heute sehr wohl eine Rolle spielen [...]"

Anatomie spielt für sie angeblich keine Rolle, *aber*: sie spielt doch eine Rolle. Weil manche biologischen Merkmale gesellschaftlich männlich zugewiesen werden, hätten sie einen Einfluss darauf, wie gewaltvoll sich betreffende Menschen verhalten? Da sind wir wieder bei „Testo macht aggressiv" und „Penis macht gewaltvoll". Das ist so ein Quatsch. Verhalten wird ansozialisiert und nicht durch Körperteile oder Hormone angeboren. Wenn ein Junge einen hohen Testo-Spiegel hat, wird er männlich sozialisiert. Wenn ein Mädchen einen hohen Testo-Spiegel hat, erlebt es mit großer Wahrscheinlichkeit Gewalt, Fremdzuschreibungen, Ausgrenzung und Diskriminierung ein ganzes Leben lang. Auch und gerade weil die gesellschaftliche Zuschreibung der Hormone bei beiden gleich ist: Testo = Junge. Gleiches gilt für Genitalien. Ein Mädchen lernt somit in der Regel nicht jene Verhaltensweisen, die vielen Jungen mit auf den Weg gegeben werden, unabhängig davon, welche Körperteile sie hat. So kann mensch bei Personen, die sich im männlichen Geschlechterspektrum bewegen, von männlicher Sozialisation[G] sprechen, bei allen anderen aber nicht. Außerdem ist Verhalten, zumindest bei den meisten Menschen, zum größten Teil selbst gesteuert und gewählt und wir können unsere Sozialisation reflektieren.

„Vor allem sind wir der Überzeugung, dass die Berliner queer- und trans-Szene kein Ort jenseits des Patriarchats ist."

Weshalb es so viel Diskriminierung von trans*Weiblichkeiten gibt, was die Sexparty-Gruppe eindrucksvoll beweist.

„Deshalb hatten wir zunächst überlegt, innerhalb der Party einen Cis-female-only-Raum anzubieten und uns schließlich für die jetzt in unseren Partyregeln gefundene Formulierung entschieden."

Empowerment darf nie Diskriminierung für andere bedeuten!

Cis-female-only-Raum? Ist das jetzt die Drohung: „Wir können auch anders. Wir können noch diskriminierender sein. Seid froh, dass wir euch überhaupt reinlassen!" Na toll. Ich bleibe dankend draußen.

„[...] Wir denken nicht und gehen auch nicht davon aus, dass Transweiblich- oder -männlichkeiten ihre Geschlechtsteile exhibitionistisch zur Schau stellen würden. Dennoch haben wir uns in der Vorbereitung der Party überlegt, wie wir uns fühlen würden, wenn ein Mensch mit als männlich gelesenen Geschlechtsteilen durch den Barbereich geht und sie zur Schau stellt."

Wenn eine cisFrau nackt durch den Barbereich geht, ist das dann auch ein „zur Schau stellen von Geschlechtsteilen?" Oder ist es dann einfach ein „Nacktsein" von einer cis-privilegierten Person. Für viele cisMenschen ist das an jedem FKK-Strand möglich, für trans*Menschen, die keine OP-gemacht haben/machen konnten, wohl kaum.

„[...] Folgendes sei noch einmal verdeutlicht: Es ist mit dieser Regel nicht gemeint, dass Menschen mit ‚männlichen' Genitalien auf der Party keinen Sex haben dürfen. [...]"

Das ist ja nett. Außerdem haben trans*Frauen keine männlichen Genitalien, auch nicht in Anführungszeichen. Akzeptiert endlich die Vielfalt weiblicher Körper!

„[...] Aus unserer Sicht kann eine weibliche Brust und eine Vagina jedoch nicht auf die gleiche Weise zur Schau gestellt werden, wie männliche Körpermerkmale."

Für trans*Weiblichkeiten können die gemeinten Körperteile auch nicht auf die gleiche Weise zur Schau gestellt werden, wie für Männlichkeiten.

„Sie transportieren unseres Erachtens nicht die gleiche Nachricht/Aussage. Weibliche Körper sind unserer persönlichen Erfahrung und politischer Meinung nach viel stärker sexualisiert, ihre Darstellung z.B. wird viel stärker als ein sexuelles verfügbar-sein gelesen. Dies lässt sich aus unserem eigenen Empfinden heraus auch aus einem queeren Raum nicht komplett fernhalten."

Wie wird denn in unserer Gesellschaft ein als „Penis" gelesenes Genital an einer Frau gelesen? Hat das die gleiche „Nachricht/Aussage" wie bei einem

Mann? Wohl kaum. Eher wird die Frau dann als exotisches Monster/Alien gesehen und fetischistisch übersexualisiert. Wie können sie das derart ignorieren?

So werden auf der „Am Anfang ist das Wort"-Party trans*Weiblichkeiten aufgrund von körperlichen Merkmalen ausgeschlossen und diskriminiert. Es ist klar, welche Körperlichkeiten Respekt verdienen und welche versteckt werden müssen. Körper von vielen inter*Personen, von trans*Männern, die eine geschlechtsangleichende (GA) OP gemacht haben und trans*Frauen, die keine GA-OP haben, sollen nicht gesehen werden. Wie sie sich unter diesen Umständen sexy fühlen können, bleibt ihnen überlassen. Und das, obwohl es gerade für viele inter*trans*Personen so schwierig ist, Nacktheit zu zeigen.

Trans*weibliche Körper werden tabuisiert, exotisiert, verlacht und verboten. Solche Beispiele geben mir das Gefühl, ein Monster, ein Alien zu sein. Mit einem Körper, den es so nicht geben darf und der nur bedingt geändert werden kann. Mein Verhältnis zu meinem Körper wird nicht besser, wenn er selbst in FLT*I*/feministischen Kontexten als verboten und unerträglich gilt. Ich würde ohnehin nie auf eine Sexparty gehen oder mich nackt oder halbnackt in einer cis-Gruppe zeigen. Anstatt solcher Verbote sollte es vielmehr Empowerment geben für trans*- und inter*Personen.

*„[...] Wir sehen dies auch als mögliches Empowerment für Hormone einnehmende und Post-OP-Trans*weiblichkeiten sowie Pre-Op-Trans*männlichkeiten sowie Inter*menschen mit (u.a.) weiblichen Geschlechtsmerkmalen."*

Selbst wenn ich Interesse an einer Sexparty hätte, würde ich diese nicht besuchen. Zum Glück habe ich nun den langen und schmerzvollen Weg durchs Gesundheitssystem hinter mir und werde nun bald die OPs gemacht haben. Aber auch nach meinen Operationen werde ich nicht auf die „Am Anfang ist das Wort"-Party gehen, aus Solidarität mit den diskriminierten trans*-und inter*Menschen. Nach meinen Operationen werde ich, sofern sie gelungen sind, privilegierter sein als vorher. Vielleicht wird es für mich sogar vorstellbar, in einem Bikini schwimmen zu gehen und mich auf diese Weise halbnackt vor cisMenschen zu zeigen. Ich würde aber nie auf die Idee kommen, dass ich ein Empowerment bräuchte, auf Kosten von den Menschen, deren Körper (noch) nicht in cis-normative Vorstellungen von „männlich" und „weiblich" passen. Also auch Menschen, die in Deutschland keinen Zugang zum Gesundheitssystem haben, oder Menschen, die zu große Angst vor OPs haben oder keine Kraft haben, um sich durch das entwürdigende und gewaltvolle Gesundheitssystem zu kämpfen (inklusive Zwangstherapie und diverse Psycho-Gutachten) bis sie die Kostenübernahme bekommen. So ist eine meiner zentralen Aussagen dieses Buches: *„Empowerment darf nie Diskriminierung für andere bedeuten!"*

Außerdem legt die Bezeichnung ‚Post-OP-Trans*' und ‚Pre-Op-Trans*' (nach der OP und vor der OP) nahe, dass selbstverständlich alle trans*Menschen eine Operation machen wollen und je nach dem entweder die OP noch vor sich oder schon hinter sich haben. Dabei wollen oder brauchen viele trans*Menschen gar keine Operationen.

Nun habe ich seit Kurzem schonmal meine Burst-Aufbau-Operation hinter mir. Nachdem ich vorher 2 ½ Jahre Hormone genommen habe, waren meine Brüste zwar ein klein wenig gewachsen, aber echt nicht viel. Wenn ich da Bock gehabt hätte auf diese Sexparty zu gehen und allen Mut zusammengenommen hätte, um mich oben ohne zu zeigen, wäre das ok gewesen? Ab wann sind Brüste zu flach für die „Am Anfang ist das Wort"-Gruppe? Diese Regel macht die Hemmschwelle auf jeden Fall um ein Vielfaches höher. Das gilt natürlich auch für viele cisFrauen, die flache Brüste haben. Ich stelle mir die abschätzenden, kritischen Blicke von cisMenschen auf meine Brüste vor. Für die einen wären meine Brüste vielleicht gerade so groß genug gewesen, für die anderen noch zu flach. Selbst heute, nach meiner OP, mache ich mir noch dauernd Gedanken, ob meine Brüste wohl zu klein sind.

Da erinnere ich mich auch an einen Segeltörn für FrauenLesbenTrans, wo die Teilnehmenden bei den Gemeinschaftsaktionen teilweise ganz selbstverständlich nackt oder oben ohne rumliefen. Da gab es wenig Bewusstsein dafür, dass es auch im FLT Rahmen unterschiedliche Privilegien gibt und Nacktsein nicht für alle möglich ist. Die einen können mehr oder weniger locker und selbstbewusst ihre Nacktheit zeigen und die anderen werden komisch angeguckt wenn sie als ‚Spielverderber_innen' oder ‚Verklemmte' angezogen bleiben. Für mich wirkte es so, dass es auch in diesem Rahmen als das ‚Coole' und als das ‚Normale' galt sich nackt zeigen zu können und alles andere als ‚anders' und ‚uncool' gilt. Schließlich fragte mich sogar eine cisFrau, warum ich nicht auch mein Shirt ausziehe. Bei so viel Unachtsamkeit fühle ich mich noch fehlerhafter und ausgegrenzter

Trans*Frauen haben keine
männlichen Körper, Stimme oder Genitalien,
auch nicht in Anführungszeichen.
Außer natürlich,
sie definiert ihren Körper anders.

als sowieso schon. Es könnte zum Beispiel eine genauso geile Alternative zum Zusammen-Nackt-Schwimmen für alle angeboten werden. Und die Alternative gäbe es dann so ganz selbstverständlich, ohne dass erst die einzige anwesende trans*Frau gefragt wird, ob sie eine Alternative möchte oder ob so viel Nacktheit gerade ok für sie ist. Denn für viele Menschen, egal ob trans*weiblich oder nicht, ist es unangenehm zu äußern, wenn Nackt-Sein für sie problematisch ist oder/ und sie wollen nicht als Spielverderber_In dastehen. Da sollte niemensch in die Verlegenheit gerückt werden, sich dahingehend outen zu müssen.

„Wir finden es vertretbar, eine Party zu schaffen, in der wir uns selbst (als Kollektiv) wohl fühlen."

Abschließend erklärt hier die Gruppe also noch, dass sie es legitim findet, ihre eigene Party so zu gestalten, wie sie sich dort wohlfühlt und rechtfertigt damit die trans*misogyne/trans*feindliche Diskriminierung. Aus meiner Sicht ist Diskriminierung nie legitim, auch nicht, wenn sie sich für die diskriminie- renden Personen gut anfühlt!

„...die Vielfalt weiblicher Körper zu feiern"

Sehr gehypt wird ja gerade der Film „Vulva 3.0". Klar, dass er in feministi- schen Räumen gleich gezeigt wird. Hier ein Auszug aus dem Ankündigungs- text. Überlegt doch einmal, was hieran trans*misogyn ist:

„'Das Zeigen der Vulva vertreibt Bären und Löwen, lässt den Weizen höher wachsen [...] das Zeigen der Vulva rettet die Welt'. Dieses kraftvolle Bild des weiblichen Genitals ist leider nicht in unserer Vorstellung verankert. Zwar scheint es, dass Nacktheit kein Tabu mehr ist, doch ist die Abbildung des weiblichen Geschlechts nach wie vor irritierend und mit vielfältigen Verboten belegt. [...] Der Film beginnt in einer dermatologischen Praxis in Köln. Bella Joy lässt ihre Schamlippen aufspritzen und feiert das Ergebnis. In ihrem unaufgeregten Dokumentarfilm gelingt es Claudia Richartz und Ulrike Zimmermann [...] die Vielfalt weiblicher Körper zu feiern." (http://www.vulva3.de/synopsis/)

Gelingt es den Filmemacherinnen Claudia und Ulrike wirklich, die Vielfalt weiblicher Körper zu zeigen? Ihrer Meinung nach: ja. Denn für sie sind nur cis- Frauen weiblich. Menschen, die sich im trans*weiblichen Spektrum verorten, hätten ihrer Meinung nach wohl keinen weiblichen Körper. So werden dann im Film, soweit ich weiß, auch nur cisFrauen gezeigt. Dass die gezeigten Körper genauso gut auch trans*- oder/und inter*männliche Körper sein könnten oder Körper von nicht binären trans* und inter*Identitäten, sehen die Filmmacherinnen nicht. Pauschal wird diesem bestimmten Körperbild der Stempel „weiblich" aufgedrückt, was für viele, die diesen Körper haben, einfach nicht passt, zum Beispiel viele trans*- und inter*Männlichkeiten. Andere Körperlichkeiten, auf die die Beschreibung „weiblich" passen würde (zum Beispiel trans*weibliche Körper), tauchen dagegen gar nicht auf. Überhaupt wird hier nur von zwei Geschlechtern ausgegangen. Auffällig ist auch die Verknüpfung von Weiblichkeit und Fruchtbarkeit: „Die Vulva, die den Weizen höher wachsen lässt". Das zeigt nochmal, dass in ihrem Bild von Weiblichkeit kein Platz für trans*Weiblichkeiten ist, wenn „Frau sein" mit Fruchtbarkeit, also „Kinder kriegen können" verbunden ist. Ähnliches findet sich auch im Buch „Frauenkörper neu gesehen" von Laura Méritt (Hrsg.) von 2012. Ein passenderer Titel wäre „Frauenkörper nicht gesehen", denn da es ausschließlich um cisFrauen geht, werden viele Frauenkörper nicht gesehen.

Oft wird über Körper in einer Weise geredet, die trans*Menschen ihre Geschlechtsidentität abspricht. Ich sage jetzt mal das Einfachste der Welt: Eine trans*weibliche Person hat einen weiblichen Körper, eine weibliche Stimme, weibliche Sozialisation und weibliche Genitalien. Das ist so egal, ob sie Hormone nimmt oder nicht und egal, ob sie eine OP gemacht hat oder nicht. Außer natürlich, sie definiert ihren Körper anders. Aber es ist nicht Aufgabe von anderen, ihren Körper zu benennen. Viele trans*Frauen definieren ihr Genital als Vagina, auch wenn die cisGesellschaft es „Penis" nennen würde. Andere trans*Weiblichkeiten definieren ihr Genital als „Penis" und auch dann ist ihr Penis ein weibliches Genital. Viele trans*weibliche Personen machen sogenannte „geschlechtsangleichende" Operationen und ihre Neovagina sieht auch anders aus als das, was die Gesellschaft sagt, wie eine Vagina auszusehen hat. Dann sehen Neovaginen nochmal ganz verschieden aus, je nach Operationsmethode. Ich finde es super wichtig, die Vielfalt von weiblichen Körpern zu zeigen. Gleiches gilt natürlich für männliche Körper und Körper von nicht-binären und agender trans*- und inter*Personen. Lasst uns die Wörter respektieren, die Menschen für ihren Körper finden! Alle Körper sind begehrenswert und zauberschön!

In aller Regel wird die Vielfalt weiblicher Körper aber nicht gesehen. Stattdessen zeigen Cis-Feministinnen ihre Überzeugung, dass alle Frauen so aussehen würden wie sie. So auch beim Workshop „Untenrum! Erfahrung Frauen*Körper", der beim LaDIYfest in Kiel 2014 gehalten wurde und den auch die Berliner Gruppe „transgeniale f_antifa" in ihrem Workshop „Transmisogynie" kritisiert. Bei solchen Titeln schwant mir schon nichts Gutes. Und richtig: ihr Ankündigungstext lautet: *„Einmal von der Klitoris über die Labien, durch den Eileiter zum Uterus und den Ovarien und zurück. Ein Vortrag über Sexualität und frauen*spezifische Gesundheit, Menstruation und PMS."* Auch hier ist es ganz klar, dass trans*Frauen, nach Meinung der Referent_Innen, keinen „Frauen*körper" haben. Da hilft auch das Sternchen hinter „Frauen*" nicht. Dass ihr Ankündigungstext ebenso auf viele männliche oder nicht-binäre Körper zutreffen würde, scheint ihnen auch nicht bewusst zu sein. Wenn mensch einen Vortrag zum Thema „Frauen*Körper" macht, ist es wichtig, die Vielfalt von Frauenkörpern zu zeigen, also auch weibliche Körper, die die Cis-Gesellschaft als „männlich" einsortieren würde. Und es müsste auch auf sogenannte „geschlechtsangleichende" Operationen eingegangen werden. Oder mensch macht eben einen Vortrag über Klitoris, Labien, Eileiter, Uterus und Ovarien und lässt es ganz offen, ob das jetzt ein weiblicher oder männlicher oder ein Körper von einer nicht-binären trans*- oder inter*Person ist.

Ich wurde auch einmal eingeladen, auf der „dicken_fetten_Pussy*-Party" (2014) der Gruppe „Sexy Time" zu spielen. In der Orga-Gruppe gab es wohl auch schon Diskussionen zum Thema „Trans*misogynie" und sie luden mich ein, damit ich eine kritische trans*weibliche Perspektive einbringen kann. Tatsächlich fand ich ihren Ankündigungstext an einigen Stellen problematisch, auch wenn sie natürlich fleißig hinter alles ein „Sternchen" gemacht haben, wie z.B. „Frau*", „Vulva*", „weibliche* Sexualiät". Dabei haben sie aber trotzdem immer durchblicken lassen, wie ihrer Meinung nach eine Vulva aussieht und dass sie natürlich ein „weibliches" Genital ist. Nette Umschreibung im Ankündigungs-Text: „Personen mit anatomischer Vulva". Als ob trans*Frauen keine anatomische Vulva hätten! Was sind trans*weibliche Vulven bitte sonst? Mir schrieb eine Veranstalterin: „... wir wollen uns viel Mühe geben, weiblicher* Körperlichkeit und Sexualität in ihrer ganzen Vielfalt Raum zu geben, aber die

Vulva wird auf jeden Fall sehr präsent sein". Aha. Wenn sie tatsächlich die Vielfalt weiblicher Körper sieht, was meint sie dann mit „der Vulva", die sehr präsent sein soll? Ich schätze, sie meint eine cis-normative „Vulva".

Ich finde es voll gut, dass die „Sexy Time"-Gruppe eine Veranstaltung zum Thema „Körperbilder, -normen, -tabus" organisiert. Das Thema ist mir auch sehr wichtig und ich bin dankbar, dass sie so viel Zeit und Energie da rein gesteckt haben. Ich will die Gruppe auch nicht dissen, ich fand nur nicht alles in der Umsetzung gut. Deshalb habe ich ihnen damals eine solidarische Kritik geschrieben.

Eine solidarische Kritik habe ich auch Sookee gegeben zu ihrem Lied „If I had a" auf dem Album „Lila Samt" (2014). Wir arbeiten durch das Label „Springstoff" zusammen und ich mag sie als Person und ihre Musik sehr gerne. Wir haben auch lange über ihren Song geredet und sie hat mir gesagt, dass sie die Kritik annimmt und versteht. Mir ist es sehr wichtig, meine Kritik an dem Lied auch in diesem Buch zu erklären, weil es so krass viele Leute erreicht und verletzt.

Als ich das Lied zum ersten Mal auf youtube gehört habe, habe ich es nach den ersten Zeilen gleich weggeklickt. Ich fühlte mich aufgewühlt und verletzt und wusste zuerst gar nicht, was an dem Lied mich so doll trifft. So konnte ich mir lange Zeit gar nicht vorstellen, das Lied komplett zu hören. Später habe ich es mir dann doch bis zum Ende reingezogen und meine Gedanken und Gefühle etwas geordnet. Auch in meinen Vorträgen zum Thema „Trans*misogynie" erzählen mir häufig Personen, dass sie dieses Lied sehr verletzt und dass es schlimme Gefühle auslöst. Oft erzählen Menschen, dass sie den Raum verlassen, wenn dieses Lied gespielt wird. Weil in meinen Vorträgen fast immer Menschen dabei sind, die auch hier nicht mit dem Song „If I had a" konfrontiert sein wollen, lege ich immer eine 10-Minuten-Pause ein, bevor wir zum Thema „trans*sensible Sprache zu Körperlichkeiten" übergehen. Dann können Menschen einfach etwas länger Pause machen oder auch ganz wegbleiben, ohne dass es groß auffällt. Hier ein Zitat aus dem Song:

„If i had a dick, ich würde oft mit ihm spielen, aber nicht in public, nicht so Sachen, das ist nicht der Deal. Ich würd ihn chillen lassen, baumeln lassen, spazieren mit

ihm. Ich würd ihn feiern, mein Dick hätte Liebe verdient. Denn er wär ein guter, ein entspannter, kein aggressiver Shwanz. Einer, der weiß, wann es gut ist und wann es abgehen kann. Einer, der respektvoll fickt, einer für den echten Kick. Der, selbst wenn er hart ist, sanft ist, nicht verletzt, sondern verletzlich ist. Einer der shöne Gefühle macht, der errötet und drüber lacht. Einer, der ist wie er ist, mein shöner dick hätte Lügen satt. Manchmal shrumplig, runzlig, manchmal glänzend und straff. Einer, der niemanden Angst, aber gern Geshenke macht. Es gäb ,ne Handvoll Leute, die ihn gern in sich aufnehmen (…) Ist alles dumme Sheiße. Maskulisten wollen Männer ändern. Er hätte kein' Bock auf Machtspiele, kein' Bock auf Hassliebe (...)" (Sookee, If I had a, Album: Lila Samt, 2014)

Erstmal geht Sookee in dem Lied davon aus, dass es genau *einen* Penis gibt, und sie beschreibt, wie er auszusehen hat. Mensch kann ihn baumeln lassen, ihn in sich aufnehmen, er kann hart werden usw. Penisse sind aber verschieden. Es gibt viele trans*- und inter*Menschen, die ihr Genital als „Penis" bezeichnen, obwohl es nicht den Cis-Vorstellungen von „Penis" entspricht. In Texten wie diesen wird trans*Menschen die Bezeichnung für ihr Genital und ihren Körper abgesprochen. Dann macht Sookee, wie viele cis-Feministinnen, die Verknüpfung: Penis = männlich. Sie redet lange drum herum, auch wenn alle wissen, dass von Männlichkeit und Macker-Verhalten die Rede ist. Am Ende sagt sie es dann aber doch: „Maskulisten wollen Männer ändern." Aber auch sonst wird im ganzen Lied suggeriert, dass es eigentlich heißen müsste: „If I were a man". Wie ich schon erklärt habe, ist die Verknüpfung Penis = Männlichkeit falsch, da ein Penis auch ein trans*weibliches Genital sein kann. Auch gibt es nicht-binäre trans*Personen, die einen Penoid-Aufbau machen. Und auch bei ihnen ist ihr Penis nicht unbedingt ein männliches Genital. Wenn ich Sookee richtig verstanden habe, sollte der Text auch eine Antwort sein auf Macker-Rapper, die einen „Penis" als Symbol oder Bild für männliche Dominanz nutzen. Sie verknüpfen unsinnigerweise „Penis" mit Überlegenheit, Stärke, Aggressivität usw. Das zu thematisieren und zu kritisieren finde ich gut, da geh ich mit. Aber ihr Lied geht da in die falsche Richtung. Es ist total schlimm, wenn „Penis" als Bild für „Männlichkeit" gebraucht wird und wenn „Penis" mit einem bestimmten Verhalten verbunden wird. Immer gibt es die Verbindung Penis = männlich und Penis = aggressiv und dominant usw. Das löst Sookee in ihrem Lied leider nicht auf. Sie stimmt dieser Haltung sogar in gewisser Weise zu und sagt durch ihren Text: „Ja, natürlich gibt es die Verbindung von Penis und Verhalten, nur bei mir ist sie eine andere. Mein Penis wäre voll friedlich und gechillt, ist auf Konsens aus und ist gar nicht aggressiv." Das ist zwar nett gemeint, aber bestätigt, dass es einen Zusammenhang geben würde zwischen Genital und Verhalten. Wenn Sookee sich ohne Penis nicht aggressiv und dominant verhält, dann tut sie das natürlich auch nicht mit Penis. Wenn sie einen operativen Penisaufbau machen lassen würde, würde sie sich danach nicht plötzlich lügnerischer, aggressiver und dominanter verhalten. Das wäre ja auch Quatsch. Dennoch schreibt sie ein ganzes Lied darüber, in dem sie beteuert, dass sie sich nicht scheiße verhalten würde, (selbst) wenn sie einen Penis hätte. Das ist für mich etwas anderes, als wenn sie zum Beispiel darüber schreiben würde, dass Verhalten nicht angeboren ist und durch Körperteile bestimmt wird. In ihrem Lied schwingt ja immer auch das Negativ mit: Normalerweise wäre ein Penis aggressiv, lügnerisch und nicht konsensfähig usw., nur wenn Sookee einen Penis hätte, dann wäre er ganz friedlich und liebevoll. So ist die Aussage in Sookees Lied: Wenn Sookee einen Penis hätte, wäre er anders als der Normalfall (z.B. er wäre nicht aggressiv). Das funktioniert nur, wenn mensch das andere als normal sieht. Also: Sonst sind Penisse aggressiv. Ihr Penis „hätte Lügen satt". Mensch hat ja nur etwas satt, wenn es viel zu viel von etwas gibt. Also: Es gibt zu viele Penisse, die lügen und das hat Sookees Penis satt. Damit schreibt sie all diese Eigenschaften auch vielen trans*Körpern zu, als wenn diese nicht schon genug Ablehnung und Tabuisierung erfahren würden.

Überhaupt ist es voll quatsch, dass ein Körperteil sich irgendwie verhalten könnte! Ein Penis kann genau so wenig aggressiv, wie friedlich sein, oder sensibel und unsensibel. Er ist ein Körperteil. Eine Person kann aggressiv sein, aber nicht ein einzelnes Körperteil. Es kann nicht mein linkes Ohr aggressiv sein, während mein Bauchnabel voll friedlich ist. Es haben auch niemals Körperteile von mir einen Konsens geschlossen. Die Diskussion möchte ich mal erleben.^^ Auch „respektvoll ficken" tun Menschen und nicht Penisse. Sookee erklärt, dass ihr Penis Lügen satt hätte. Wo wir ja alle wissen, dass Penisse in der Regel eher lügen. Vertraue nie einem Penis! Und Sookees Penis errötet und lacht darüber – ja genau. Das alles macht nur Sinn, weil eigentlich gemeint ist: „If I were a man". Also: Wenn Sookee ein Mann wäre, dann würde sie nicht so aggressiv sein, vor ihr müsste niemand Angst haben, sie wäre auf Konsens aus, würde nicht lügen usw. Sookee kritisiert hier mackriges und übergriffiges Verhalten von Männern. Das tut sie, indem sie so was sagt wie: „Wenn ich einen Penis hätte, müsste mensch vor mir keine Angst haben" und so. So entsteht bei mir das Bild, dass mackriges und übergriffiges Verhalten von Männern daher kommt, dass sie einen Penis haben. Nur wenn Sookee einen Penis hätte, wäre sie trotzdem nicht aggressiv und würde ,respektvoll ficken'. Die Gewalt, die von vielen Männern ausgeht, wird damit gleichgesetzt einen Penis zu haben. Die Schlussfolgerung aus diesem Denken wäre für mich erstens: CisMänner können sich gar nicht anders verhalten, denn sie haben einen Penis. Zweitens: Auch trans*Frauen, die keine NeoVagina haben, verhalten sich mackerig und übergriffig, durch ihr Genital. Das finde ich sehr problematisch. Dadurch, dass sie „If I had a dick" als Bild für „If I were a man" benutzt, sagt sie, dass Menschen, die einen Penis haben „Männer" sind. Dadurch spricht sie so vielen trans*inter*queeren Menschen ihre Geschlechtsidentität ab und sieht nicht, dass auch sie im Patriarchat nicht in der Machtposition sind. Ungewollt diskriminiert sie andere Frauen und feminine Personen, deren zugewiesenes Geschlecht „männlich" ist und schreibt ihnen Eigenschaften zu, die sie an vielen cisMännern kritisiert.

Sookee schreibt, dass mensch einen Penis nicht in der Öffentlichkeit zeigen sollte: „Das ist nicht der Deal". Auch hier übersieht sie trans*- und inter*Personen und denkt bei „Penis" nur an cisMänner. Sie sieht nicht, dass es zum Beispiel für eine trans*feminine Person wirklich mehr als schwierig ist, ihr Genital in der Öffentlichkeit zu zeigen, zum Beispiel an der Straßenecke zu pinkeln. CisMänner machen das ja oft ziemlich ungehemmt. Da wären wir wieder bei der Sexparty-Regel: „Penis und Hoden sollen bedeckt bleiben". Diese Haltung gegenüber Körpern von trans*- und inter*Personen sorgt nicht gerade für Empowerment. Damit ist Sookee ja nicht alleine. Ich vermisse öfter bei cisMenschen Bewusstsein, Achtsamkeit und Vorsicht in der Art und Weise, wie über Körperlichkeit geredet wird.

Ein anderer Punkt ist, dass Sookee, als cisFrau, sich nicht herausnehmen kann zu sagen, dass es so cool wäre, als Frau einen „Penis" zu haben. Sie würde ihn so feiern, alles wär gechillt und so weiter. Sie kann nicht wissen, wie dann die Gesellschaft über dich denkt, dich behandelt, dich ausschließt. Wie dein Körper tabuisiert, verboten und lächerlich gemacht wird, welcher Gewalt du begegnest, wie dir deine Geschlechtsidentität abgesprochen wird. Und so viele trans*Frauen fühlen sich in ihrem Körper und mit ihrem Genital sehr unwohl. Das ist alles nicht so easy, wie es für mich in ihrem Lied rüberkommt.

Wie so viele Menschen und auch die, die sie eigentlich kritisieren will, benutzt sie „Penis" als gleiches Wort für Männlichkeit, für dominantes und gewaltvolles Verhalten. Das ist scheiße. Mir ging es ziemlich schlecht, als ich das Lied zum ersten Mal gehört habe. Unwillkürlich schossen mir Gedanken in den Kopf wie: Muss ich jetzt nett zu meinem Genital sein? Es feiern und Spaß damit haben? Ich kann es kaum abwarten bis zu dem Termin meiner Operation. Da bin ich wahrscheinlich nicht nett zu meinem Genital, oder? Fühlt sich auch irgendwie nicht so gechillt für mich an. Was rät mir Sookee? „Ich würd ihn chillen lassen, baumeln lassen spazieren mit ihm." Naja, ich würde lieber mal ohne ihn spazieren gehen. Ist aber nicht so einfach.

Auch in dem Song „Wissen wer die Zecken sind" auf dem Album „Herzschlag" macht Sookee ähnliche Fehler:

„Dass Pimmelrap mal checkt:
Kapital ist der Verbrecher, könnt den weirden Shit vergessen.
Südberlin feminin, Let us pumpen Estrogene"

Das „Östrogene-Pumpen" ist vielleicht als Antwort gemeint auf Macker, die sich etwas auf einen hohen Testo-Spiegel einbilden. Damit schließt sie trans*Weiblichkeiten, die einen hohen Testo-Spiegel haben, aus ihrer Südberlin-feminin-Clique aus. Wenn ein Mensch sich mackerig verhält, dann nicht aufgrund seines Hormonspiegels. Unbeabsichtigt macht sie sich hier auch über trans*Weiblichkeiten lustig, die wirklich „Estrogene pumpen". Es ist auch wieder die Zuschreibung von körperlichen Merkmalen zu einem Geschlecht: Estrogene = weiblich. Obwohl natürlich trans*Weiblichkeiten, die keine Hormone nehmen, deshalb nicht weniger weiblich sind. Wie weiblich eine Person ist, hängt wirklich nicht vom Hormonspiegel ab.

Feministischer Rap ist voll von solchen Dingen. Rapperinnen führen Weiblichkeit auf körperliche Merkmale zurück und kreieren so eine feministische Gemeinschaft, aus der trans*Frauen ausgeschlossen sind. Das ist oft auch gar nicht böse gemeint, sondern kommt eher aus Unachtsamkeit. Hier noch ein Beispiel von der Rapperin „Lady Lazy", die ich persönlich und musikalisch sehr gerne mag. Ich denke wahrscheinlich gerade speziell an sie, weil ich einfach oft und gerne mit ihr zusammen auftrete und ihre Songs noch im Ohr hab. So rappt Lady Lazy in ihrem Song „Say it loud say it queer" über die männerdominierte Hip Hop-Szene und speziell über den Wettbewerb „Raputation":

„Die Wertung in der ersten Runde war teilweise echt Stuss, hey – gute Tracks, wenig Punkte, der Grund dafür: die Pussy."

Der Grund, dass die gemeinten Rapperinnen von der Jury benachteiligt werden, ist, dass sie Frauen sind und nicht, dass sie eine Pussy haben. Ich glaube nicht, dass sich die Jury über die Genitalien der Rapper_Innen vergewissert und danach die Punkte vergeben hat. Hier findet sich also wieder das Bild: Frau sein = Pussy haben. Mir bei feministischen Konzerten dauernd Pussy = Frau, Penis = böse, Bart = Mann usw. reinzuziehen ist natürlich verletzend für mich. Als Abgrenzung dazu nenne ich meinen Rap manchmal nicht „female Rap", sondern „trans*female Rap" und wünsche mir gleichzeitig eine Welt, in der das nicht nötig wäre.

Wir alle sind in einer Gesellschaft aufgewachsen und haben Geschlechternormen gelernt – ich genauso wie Sookee und Lady Lazy (die übrigens beide Feature-Gäste auf meinem neuen Album „Einhornrap" sind). So hätte ich ähnliche Beispiele wohl von vielen feministischen Rapper_Innen nehmen können. Aus Cis-Perspektive kann mensch natürlich nicht immer sehen und verstehen, was für viele trans*Menschen verletzend und diskriminierend ist. Da finde ich es nur wichtig, offen für Kritik zu sein. Und vorsichtig zu sein, denn die Fehler der einen sind zu oft die Verletzungen der anderen.

Reden über Menstruation

Ich hoffe, ich konnte zeigen, dass es ausschließend und diskriminierend ist, wenn im Feminismus Gemeinschaft über körperliche Merkmale geschaffen wird. Für mich ist es eh schon schwierig genug, mit meinem Körper klar zu kommen. Das gilt natürlich nicht für alle trans*Frauen, aber ich hätte für mich am liebsten einen cis-normativen weiblichen Körper, hätte gern die Möglichkeit, Kinder zu kriegen und zum Beispiel auch Menstruation. Medizinisch ist nur wenig möglich, aber ich harre auf der Warteliste für körperverändernde OPs aus, um so viel wie geht zu erreichen. Das ist ein langer, schwieriger Prozess und die Tatsache, dass vieles eben nicht geht, ist sehr schmerzhaft. Da tut es mir wirklich nicht gut, wenn mir auch im Feminismus vermittelt wird, dass mein Körper falsch ist, dass er ignoriert, verdeckt, beleidigt werden muss. Das verstärkt nur mein Gefühl, fehlerhaft zu sein. Eher würde ich mir von einer feministischen Szene Support wünschen, Empowerment für Frauen mit unterschiedlichsten Körpern, nicht nur „Viva la Vulva" (z.B. Linksjugend Solid-Aufkleber).

Ebenso fühle ich mich manchmal, wenn auf feministischen Veranstaltungen und Festivals „Menstruation" thematisiert wird. Oft läuft es unter Empowerment für „*den* weiblichen Körper" und Weiblichkeit überhaupt. Mit teils sehr offensiven Darstellungen wird dann gezeigt, was der feministische Norm-Körper ist. In der übrigen patriarchalen Gesellschaft gilt der Körper von abled, schlanken, *weißen* cisMännern als Norm. Um damit zu brechen, uns selber stark zu machen, reicht es nicht aus, einfach solche Körper als Ideal zu preisen, die cis-normativ als „weiblich" gelten. Dies wird längst nicht allen Frauen und auch nicht allen anderen FLT*I*-Personen gerecht.

Die Thematisierung von Menstruation und Kritik an ihrem negativen gesellschaftlichen Bild ist sehr wichtig. Sie muss, meiner Meinung nach, nur auf eine Weise stattfinden, die nicht verletzend, ausschließend und diskriminierend für andere FLT*I*-Personen ist. Menstruation gilt als etwas Unreines, Ungesundes, Ekliges und ist stark mit Scham behaftet. Menschen mit PMS werden nicht ernst genommen und belächelt.

„… wir sind vorsichtig, damit niemensch mitbekommt, dass wir unsere Periode haben. Wir versuchen unseren normalen Alltag weiter zu leben und nehmen uns nicht die Zeit, unserem Körper die Ruhe und Geborgenheit zu schenken, die er in dieser Zeit braucht. Wenn wir Schmerzen haben, nehmen wir starke Medikamente dagegen, damit wir weiter funktionieren. Damit es nicht auffällt, dass wir bluten, benutzen wir Tampons und Binden. Diese werden in dickes Toilettenpapier eingewickelt und zu unterst im Mülleimer platziert. Für manche Frauen ist es sogar schwierig Tampons oder Binden im Supermarkt zu kaufen. Fast alle haben Probleme damit, zumindest für eine Weile, aber keine kann erklären, was genau so peinlich daran ist. (…) gibt es immer noch das Tabu der offenen Kommunikation über Menstruation, Sexualität und den Körper im Allgemeinen. Es ist wichtig, diese Tabus zu erkennen (…). Denn nur dann können wir lernen, dass es nichts Falsches ist zu bluten, nichts peinliches, dass es einfach

ein natürlicher, kraftvoller Teil unseres Körpers ist…" (Zine „Hey Baby, kannst du bluten wie ich?")

Eine Freundin von mir mag diesen Text nicht besonders, weil er ihr vermittelt, dass Menstruation von allen menstruierenden Menschen gleich erlebt wird, was sie falsch und normativ findet. Ich weiß ja nicht, wie sich Menstruation anfühlt, ich weiß nur, wie es ist, als Frau keine Menstruation zu bekommen – wobei sich auch das natürlich für alle anders anfühlt.

Mir kommt es hier darauf an, auf welche Weise die Thematisierung und die Empowerment-Arbeit stattfinden. Wirkliches Empowerment darf nicht Diskriminierung und Ausschluss von an den Rand gedrängten Gruppen beinhalten. So ist, meiner Meinung nach, das Ziel verfehlt, wenn Menstruation als etwas angesehen wird, das eine feministische Gemeinschaft schafft: „Wir Feministinnen menstruieren und machen Empowerment-Arbeit für uns Frauen!" Der knallrote Yogi-„Frauenpowertee" weckt da gleich die richtigen Assoziationen. Aus so einer Gemeinschaft werden Weiblichkeiten, die nicht menstruieren, ausgeschlossen und ihre Körper werden als „falsch" und nicht „weiblich" bewertet. Trans*Weiblichkeiten werden da nicht mitgedacht, ebenso wenig cisFrauen nach der Menopause oder solche, denen die Gebärmutter entfernt wurde und viele inter*Weiblichkeiten.

Ich denke da auch an unterschiedlichste Performances und Kunst zum Thema „Menstruation" auf feministischen Veranstaltungen, die oft völlig kommentarlos und selbstverständlich gezeigt werden. Die erzeugen bei mir ein Bild davon, wer eine Frau ist und wer nicht bzw. wer Frauenpower hat und wer nicht. Hier fehlt Bewusstsein darüber, dass Frauenkörper unterschiedlich aussehen und dass trans*Frauen selbstverständlicher Teil des Feminismus sind. Eine Ausstellung mit Bildern aus Menstruationsblut könnte zum Beispiel auch deutlich thematisieren, dass es auch viele Frauen gibt, die nicht menstruieren können – manche, die es gerne können würden und andere, die ganz froh darum sind, es nicht zu tun, deshalb aber nicht weniger weiblich sind. Und es wäre doch schön, wenn ein feministisches Festival zusätzlich auch etwas Empowerndes für trans*weibliche Personen anbieten würde.

Einen interessanten Beitrag liefert auch die Gruppe „transgeniale f_antifa" mit: „Menstruation als Grundlage für ein feministisches Selbstverständnis? Ein

Diskussionsbeitrag über Menstuation in feministischen Kontexten". Hier weisen sie unter anderem darauf hin, dass es für viele Menschen schwierig ist in feministischen Räumen mit Menstruation konfrontiert zu sein. Ein Grund ist häufig, dass für sie der menstruierende Körper ein Grund für Unstimmigkeit mit der zugewiesenen Geschlechtsidentität (Gender Dysphoria) ist. Das betrifft unter anderem trans*Männer und nicht-binäre Menschen. Auch für viele Menschen, die aus unterschiedlichen Gründen nicht menstruieren, ist dies ein sensibles Thema. Zum Beispiel gibt es viele trans*Weiblichkeiten, die gerne Menstruation hätten. Manchmal saß ich in Gruppen wo ‚unter Frauen' über Menstruation gesprochen wurde und wo es gefühlt wenig Bewusstsein dafür gab, dass es für anwesende FLT*I*-Personen gerade schwierig sein könnte. Ich finde es wichtig, dass offen und selbstbewusst über Menstruation gesprochen werden kann. Vielleicht wäre es gut, in die Runde zu fragen, ob es gerade für alle ok ist, ausführlicher über Menstruation zu reden?

Um ein Beispiel zu nennen, würde ich gerne noch einmal auf das Zine „Hey Baby, kannst du bluten wie ich?" zurückkommen. Dieses Heft stellt alternative Menstruationsartikel vor, kritisiert die Tabuisierung von Menstruation und leistet Empowerment. Das finde ich gut und wichtig, nur ist vieles leider auf eine diskriminierende und für mich verletzende Weise geschrieben. Fangen wir beim Titel an: „Hey Baby, kannst du bluten wie ich?" Nein, verdammt, kann ich nicht! Danke für die Erinnerung! Ich freue mich ja sehr für dich, aber du brauchst es mir nicht auch noch unter die Nase zu reiben! Diesen Titel interpretiere ich so'n bisschen als Seitenhieb auf cisMänner: Die denken schlecht über Menstruation. Jetzt drehen wir es um und sagen: „Menstruation ist etwas Positives und ihr seid ja nur neidisch". Für mich, also aus meiner Perspektive als trans*Frau, die gerne menstruieren können würde, hört sich so ein Titel natürlich anders an, als für einen cisMann. Ich fühle mich dadurch schlechter. Deshalb ist es so wichtig, die Perspektiven von diskriminierten Gruppen zu sehen und mitzudenken. Der Untertitel heißt übrigens: „Ein Heft nicht nur für Frauen". Das ließ mich zuerst hoffen, dass das Zine zumindest ein bisschen trans*sensibel ist. Also, dass sie auf dem Schirm haben, dass es nicht nur Frauen sind, die menstruieren. Doch kaum überfliege ich den Inhalt, wird mir deutlich, dass die Autorin eine sehr klare Vorstellung hat, was ein weiblicher Körper ist und was nicht:

„Fast alles, was über den weiblichen Zyklus geschrieben wurde, kommt von Männern, und logischerweise haben Männer keine Menstruation und somit keinen direkten Bezug dazu" (Seite 4). Das ist falsch, denn zum Beispiel viele trans*Männer haben sehr wohl eine Menstruation. Und der „weibliche" Zyklus wäre dann auch ein „männlicher" Zyklus. Der Untertitel „Ein Heft nicht nur für Frauen" meint also vielleicht eher so was wie, dass sich auch cisMänner mal mit dem Thema „Menstruation" auseinandersetzen können/sollen. Das Kapitel beendet die Autorin mit: „Frauen, nehmt euer Blut wieder in eure Hände!" (S. 4)

Ok, welches Blut soll ich jetzt in meine Hände nehmen? Zu dieser Frauengemeinschaft, die über Menstruation hergestellt wird, gehöre ich anscheinend nicht. Gleiches gilt für das Comic-Heft: „Bloody Strips – (wo)menstruation in comix". Schon im Wortspiel „(wo)menstruation" wird deutlich, dass „Menstruation" als etwas gesehen wird, das „Frauen" ausmacht. Dadurch wird der Anschein erweckt, dass trans*Frauen keinen weiblichen Körper haben und dass sie nicht mal Frauen sind.

Bloody Strips – (wo)menstruation in comix

Was ich mag an dem Comic, ist ein selbstironischer Blick auf die feministische Szene. Zum Beispiel finde ich in diesem Cartoon manche Einstellungen von Cis-Feministinnen wieder, die ich auch kritisiere: Solchen Haltungen, wie sie in diesem Cartoon dargestellt sind, begegne ich oft im Feminismus. Ich würde darauf antworten: Meine Perspektive ist auch feministisch. Wenn „Frau sein" über Menstruation definiert wird, wird mir abgesprochen, eine Frau zu sein. „Lippenstifte" scheinen mir hier ein Beispiel für Feminität zu sein, die von vielen Feminist_Innen abgewertet wird.

Und wenn ich einer cisFrau erzähle, dass ich auch gerne menstruieren würde, kann ich fast mit Sicherheit davon ausgehen, dass sie mich erstmal auslacht und sagt: „Hä? Warum willst du denn Mens? Die ist doch voll nervig! Sei froh, dass du die nicht hast!" Frag dich bitte, ob du so reagieren würdest und warum. Fragen wie: „Warum willst du menstruieren können?" sind schon ganz schön intim. Und warum ist die Frage nach dem „Warum" überhaupt so wichtig? Wichtiger wäre es, einfach zu akzeptieren, dass es so ist. Sehr verbreitet ist auch die Redensart: „Eine Person wird zur Frau, wenn sie zum ersten Mal die Menstruation bekommt." Das ist der gleiche Scheiß. Aus einem trans*Mädchen wird auch ohne Mens eine Frau und aus einem trans*Jungen wird noch lange keine Frau, nur weil er die Mens bekommt.

Was ich auch schon von cisFeministinnen gehört habe, ist der coole Spruch: „Ihr habt doch Menstruationsneid!" Gemeint ist dann sowas, wie: „Männer sagen, dass Frauen Penisneid haben. Jetzt sagen wir Frauen einfach, dass Männer Menstruationsneid haben!" In diesem Spruch findet sich wieder ganz viel von der Denkweise, die die meisten Menschen tief verinnerlicht haben:

1. Es gibt nur zwei Geschlechter, nämlich Männer und Frauen.

2. Es ist klar festgeschrieben, wie ein Männerkörper und wie ein Frauenkörper auszusehen hat: Männer haben einen Penis und Frauen menstruieren.

3. Menschen, die menstruieren, sind im Patriarchat in der unterdrückten Position und Menschen, die einen „Penis" haben, in der stärkeren. Das beachtet weder trans*Frauen, trans*Männer, genderqueere, nicht-binäre, agender Trans*-, noch Inter*-Personen.

4. Dass Menschen sich nicht ihrer Privilegien bewusst sind und unsensibel damit umgehen: Zu trans*Weiblichkeiten zu sagen, sie hätten Menstruationsneid, ist nicht besonders empowernd für viele von uns.

5. Trans*misogynie in den Medien

Trans*Themen finden kaum Thematisierung in den Medien. Es gibt fast keine Aufklärung für Jugendliche und noch weniger gibt es positive Trans*-Vorbilder in der Öffentlichkeit. Mir hätte es früher sehr gut getan, wenn ich im Fernsehen von starken, coolen trans*Frauen mitbekommen hätte. Sie hätten mir Mut gemacht, an ihnen hätte ich mich orientieren können. Mir kam es stattdessen so vor, als wär ich das einzige trans*Mädchen auf der Welt und ich hab mich einsam und komisch gefühlt. Erst viel später bekam ich den Film „Breakfast at Pluto" in die Hände und konnte mich mit der trans*Frau, um die es dort geht, identifizieren. Auch hier wurden zwar alle Klischees ausgepackt, aber immerhin besser als „Mrs Doubtfire" (s.u.).

Manchmal stürzen sich Journalist_Innen gerne auf das Thema „Trans*" und vor allem auf „trans*Frauen". Nicht um zu sensibilisieren, sondern um aufregende, erschreckende und kuriose Bilder fürs Publikum zu haben. Das hat dann von der Art und vom Informationsgehalt soviel wie eine Doku über Alien-Sichtungen und Kornkreise. Oder auch „Jurassic Park". Der Mensch im Fernsehsessel darf in seiner heilen Cis-Hetero-Zwei-Geschlechter-Scheiß-Welt bleiben und darf nun beim Fernsehen staunen, lachen, sich gruseln. Eben das „Außergewöhnliche", „Unnormale", „Erschreckende" begaffen. Da werden ihm „Monster", „Freaks", „Kranke", „zu Bedauernde" vorgestellt. Sie werden verspottet und übersexualisiert. Fantasy-Gestalten, die nicht in die Realität und schon gar nicht in die „Normalität" gehören. Vielleicht an den Rand der Gesellschaft in einen Nachtklub oder zum „Gruseln" abends ins Fernsehen. Hauptsache nicht ins Kinderprogramm. Ein besonders „exotisches" Bild geben da trans*Frauen ab. Noch schwieriger ist, es in den Medien ein respektvolles und authentisches Bild von trans*Frauen of Colour zu finden. Trans*Männlichkeit stempelt das Cis-Publikum ab als „Frauen, die gern Männerkleidung tragen". Das ist nicht sensationell genug. So werden trans*Männlichkeiten oft ignoriert und scheinen unsichtbar in der Medienlandschaft. Hier ein paar Beispiele:

Für die Web-Doku „Zwischen den Geschlechtern – Berlin Trans Istanbul" habe ich einmal ein Interview gegeben. (http://webdoku.rbb-online.de/zwischen-den-geschlechtern#710) Ich habe mich sehr geehrt gefühlt, für diesen

Film gefragt worden zu sein, auch wenn mir am Ende nicht alles gefallen hat. Zum Beispiel, dass ausschließlich trans*Weiblichkeiten hier gezeigt wurden, obwohl das Thema „Trans* in Berlin und Istanbul" allgemein formuliert war. Trans*Frauen wurden hier beschrieben als „Männer, die gerne Frauen wären" und „Sie leben im falschen Körper". Und dann sagen sie noch, dass ich früher mal ein Punkerjunge gewesen wäre. Ich war nie ein Junge, kann mich auch nicht erinnern, den Journalisten das gesagt zu haben. Dabei waren die beiden Journalisten wirklich angenehm und interessiert und es hat Spaß gemacht, mit ihnen zu arbeiten. Ein Blick in die Doku lohnt sich auf jeden Fall.

Habt ihr den Film „Transpapa" gesehen? So ein Schrott! Dort kann mensch über eine ulkige trans*Frau lachen, und erfährt, dass sie jetzt, wo sie Hormone nimmt, in der Pubertät ist. Es gibt tatsächlich trans*Menschen, die ihre Hormonumstellung und Körperveränderung so nennen. Ich bezeichne das für mich nicht so und finde es diskriminierend, wenn andere mir sagen, ich wäre in der Pubertät (und mich daher nicht ernst nehmen). Über die trans*Frau im Film „Transpapa" erfahren wir zudem, warum sie „Trans*" geworden ist: Sie findet, dass sie früher ein schlechter Mensch gewesen ist, will von neuem anfangen und entscheidet sich plötzlich, eine Frau zu sein. Aha, so geht das also. Ich wurde auch schon oft gefragt, warum ich Trans* bin und wusste nie eine schlaue Antwort. Allein die Frage ist schon diskriminierend. Ich frage ja auch nicht Menschen, warum sie „Cis" sind: „Was haben deine Eltern falsch gemacht? Ist vielleicht irgendwas Schlimmes in deiner Kindheit passiert, dass aus dir eine Cis-Person geworden ist?" Übrigens ist schon der Titel „Transpapa" falsch, da es sich überhaupt nicht um einen „Trans*Papa", sondern um eine „Trans*Mama" handelt. Beste Unterhaltung. So ein bisschen wie „Mrs Doubtfire". Die Kinder entdecken, dass ihre Nanny gar keine Cis-Omi ist und halten die offenkundig Gefährliche und Perverse mit einem Besen von sich fern. Die Nanny kann die Kinder dann aber beruhigen, indem sie sagt: „Das ist wirklich nur Verkleidung, keine Lebenseinstellung, nein ehrlich, und ich gehe auch nicht nachts in solche Bars..." Puuuh.. da sind sie erleichtert. Die Transition, die Mrs Doubtfire mit Hilfe eines lustig-tuntigen queeren Pärchens durchführt, bietet auch einige Lacher. Spaß für die ganze Familie. Das dürfen sogar Kinder sehen, denn sie ist ja gar nicht wirklich Trans*.

Sehr beliebt, auch bei Linken, die „Trans*Frauen-Szene" in „Das Leben des Brian". Dort sitzt eine schwarz gekleidete, autonome Gruppe konspirativ (geheimnisvoll) zusammen und macht Plenum. Und der Knüller: Eine trans*Frau ist dabei und spricht immer wieder an, dass die anderen nicht immer nur die grammatikalisch männliche Form benutzen sollen. Der Obermacker sagt: „Warum redest du eigentlich pausenlos über Frauen, Stan?", und die Angesprochene sagt: „Weil ich eine sein möchte. Ich möchte, dass ihr mich von jetzt an ‚Loretta' nennt." Es folgt ein ungläubiges „WAS?", und Loretta: „Das ist mein Recht als Mann". Eine andere fragt: „Aber warum möchtest du Loretta sein, Stan?" Loretta: „Weil ich Babys haben möchte." *Entsetzen*: „Was möchtest du haben? Babys?" Und Loretta: „Jeder Mann hat das Recht Babys zu haben, wenn er sie haben will." Der Macker wieder: „Aber du kannst keine Babys haben." Und Loretta: „Unterdrücke mich bitte nicht!" Es folgen weitere „unheimlich lustige" Kommentare, dass sie keine Babys kriegen kann, weil sie keine „Mumu" hat. Loretta fängt an zu weinen. Schließlich schlägt eine cisFrau aus der Gruppe vor: „Nehmen wir an, dass er keine Babys bekommen kann, weil er keine Gebärmutter hat, woran niemand schuld ist – nicht mal die Römer. Aber dass er das absolute Recht hat, Babys zu bekommen." Ein anderer stimmt zu: „Es ist symbolisch für unser Ringen gegen die Unterdrückung!" Und der Obermacker: „Symbolisch für sein Ringen gegen die Realität!" Da können alle Linken einmal auflachen, die eh schon ein komisches Gefühl mit trans*Weiblichkeiten in linken Räumen haben.

Ich bin ja wirklich ein großer Harry Potter-Fan. Aber von vielen anderen kritikwürdigen Punkten einmal abgesehen, möchte ich eine Szene aus Band 3 nennen, weil sie ein anschauliches Beispiel für Trans*misogynie ist. Im Unterricht sollen die Schüler_Innen gegen ein magisches Wesen kämpfen, das sich in das verwandelt, was die_der jeweilige Schüler_In am meisten fürchtet. So verwandelt es sich in Professor Snape, einen unbeliebten Lehrer, als Neville es angreifen muss. Der Lehrer erklärt auch gleich was zu tun ist: Neville muss das Wesen zwingen sich in etwas wirklich Lachhaftes zu verwandeln und es dann auslachen. Damit kann er es besiegen. Also überlegen sie: Was ist wohl das Lächerlichste, in das sich Snape verwandeln könnte? Richtig: Er soll Frauenkleidung tragen! Und es funktioniert. Snape verwandelt sich und die Klasse kriegt sich nicht mehr ein vor Lachen. Und die Leser_Innen auch nicht?!

Ein BVG-Fan bin ich allerdings nicht. Für ihre neue Image-Kampagne haben sie ein Video mit diesem „Is' mir egal" Song rausgebracht. Da läuft der Rapper „Kazim Akboga" als Kontrolleur verkleidet durch Berliner U-Bahnen und er singt, dass ihm alles egal ist, außer wenn Leute kein Ticket haben. Da begegnen ihm dann die absurdesten und nervigsten Sachen, die ihm aber netterweise egal sind. Zum Beispiel ein Mensch, der in der U-Bahn Zwiebeln schneidet, eine Person die ihren ganzen Umzug mit der Bahn transportiert, ein Mann, der auf einem Pferd sitzt und so weiter. In der gleichen Reihe begegnen dem Kontrolleur auch ein schwules Pärchen und gleich in zwei Szenen trans*weibliche Personen („Ladys mit Bart – is mir egal"). Trans*Frauen sind immer für einen Lacher gut in den Medien. Ich sage dazu: „Trans*misogynie is' nich' egal!"

Hoffnungen hatte ich in den Film „Der Spalt" gesetzt, da er meines Wissens u.a. von trans*Frauen produziert wurde. Auf die Frage im Filmgespräch, warum sie die trans*Frau in der Hauptrolle mit einer cisFrau besetzt haben, meinte eine etwa, dass sich ja sonst im Fernsehen über trans*Weiblichkeiten immer lustig gemacht wird. Und sie wollten nicht, dass Leute über den Hauptcharakter lachen. Auch eine Möglichkeit. Da haben sie einfach eine modelmäßige, schlanke, *weiße* cisFrau genommen, die in alle blöden Cis-Schönheitsnormen passt und über die dann auch garantiert niemand lacht. Doof nur, dass ich nicht so aussehen kann wie ihr Model. Dann machen sich zwar Leute nicht über ihren Film, aber über mich lustig, wenn sie mich auf der Straße treffen. Die sind dann auch schon angeheizt von Schlagzeilen, wie zum Beispiel aus der Bildzeitung:

„Die Prinzessin ist ein Prinz: Kay One fällt auf TV-Transe rein!" Ab kommendem Montag sucht Kay One bei RTL2 seine Herzensdame – in der neuen Dating-Show „Prinzessin gesucht".
Zur Auswahl stehen dem Star-Rapper elf Kandidatinnen. Das Problem aber ist: Eigentlich sind es nur zehn Damen! Denn eine der Frauen ist eigentlich ein Mann! Wie genau es dazu kam und wie Kay One mit dem Schniedel-Schwindel umgeht, lesen Sie exklusiv bei BILD." (Bild, 18.09.2014)

Schniedel-Schwindel – na dankeschön!

Natürlich kann eine Person, die selbst nicht negativ von Trans*misogynie betroffen ist, diese Diskriminierung nie ganz verstehen. Aber sie kann über die Kritik reflektieren und versuchen, die Perspektive von trans*Weiblichkeiten zu sehen und mitzudenken.

6. Was können wir tun?

Zuletzt möchte ich noch die Fragen aufwerfen: „Wie können wir solidarisch sein?" und „Was können Menschen gegen Trans*misogynie tun?" Diese Fragen richte ich hier vor allem an cisMenschen und trans*- und inter*Personen, die nicht von Trans*misogynie negativ betroffen sind. Die Frage: „Wie wollen wir uns als trans*Frauen und nicht-binäre trans*Weiblichkeiten empowern?" ist eine andere und soll in einem anderen Rahmen gestellt werden.

Also: Was könnt ihr tun? Erstmal genau das, was ihr gerade jetzt tut, wenn ihr dieses Buch lest: Nämlich euch mit trans*Misogynie auseinandersetzen und versuchen, euch dafür zu sensibilisieren. Natürlich kann eine Person, die selbst nicht negativ von Trans*misogynie betroffen ist, diese Diskriminierung nie ganz verstehen. Aber sie kann über die Kritik reflektieren und versuchen, die Perspektive von trans*Weiblichkeiten zu sehen und mitzudenken.

Dann versteht ihr sicher, dass trans*Frauen „Frauen" sind und dass alle trans*weiblichen Personen in feministischen Kämpfen Platz finden können sollten. Denn sie sind von Sexismus und Patriarchat betroffen, ebenso wie alle cisFrauen auch. Dann beäugt ihr uns nicht mit Skepsis und Unbehagen, sondern versteht den „one struggle – one fight"-Gedanken. Oder, wie ich letztens auf eine Wand gemalt gesehen habe: „Let's be careful with each other, so we can be dangerous together!"

Ich bitte euch, Trans*misogynie ernst zu nehmen! Wenn ihr euch wirklich ernsthaft damit beschäftigt, dann werdet ihr Diskriminierung gegen trans*Weiblichkeiten überall erkennen: Nicht nur an großen, offensichtlichen Beispielen, sondern auch überall im Alltag, in der Art und Weise, wie mit uns geredet wird, wie wir behandelt werden, wie wir angesehen werden, wie wir ausgeschlossen werden, wie unsere Geschlechtsidentität in Frage gestellt wird und und und. Es ist wichtig, Trans*misogynie sichtbar zu machen! Sprecht es an und benennt es, als das, was es ist!

Leider verstehen Menschen Kritik oft besser, wenn sie von Menschen gegeben wird, die in derselben Art privilegiert sind. Wenn Trans*misogynie von einer trans*weiblichen Person angesprochen wird, denken oder sagen Leute oft: „Du bist doch übersensibel, hysterisch…" usw. und wehren ab. Wahrscheinlich habt ihr euch selbst schon trans*misogyn verhalten und habt durch Reflektion etwas gelernt. Dann könnt ihr das ja auch anderen Leuten mitteilen, wenn ihr sie auf ihr trans*misogynes Verhalten ansprecht. „Hey, das hab ich früher auch so gedacht, aber dieses und jenes hat mir geholfen das zu verstehen." So wird Kritik vielleicht auch lieber angenommen? Ihr könntet mehr Wissen schaffen zum Thema „Trans*misogynie". Also Texte verbreiten, Broschüren, Infomaterial, Sticker usw. Vielleicht könntet ihr auch Veranstaltungen zum Thema ‚Trans*misogynie' und überhaupt zu Trans* und Inter*-Themen an feministischen Orten bewerben.

Sich eigene Privilegien klar machen und achtsam damit umgehen

Ich finde es super wichtig, sich die eigenen Privilegien klar zu machen und einen achtsamen Umgang damit zu finden! Dazu gehört auch, sich mit eigenem Diskriminierungsverhalten auseinanderzusetzen. Zum Beispiel, dass ich über meine Privilegien als *Weiße*, über *weiße* Dominanz und verinnerlichte Rassismen reflektiere. Ein praktisches Beispiel zum achtsamen Umgang könnte sein, als *weiße* Person keine Dreads, „Tunnel" oder „Iro" zu tragen. Dies wird von vielen Black People und PoC kritisiert. Ich verstehe die Kritik so, dass Dreads ein Symbol des Widerstandes von Schwarzen Menschen gegen kolonialistische Unterdrückung sind. *Weiße* Menschen eignen sich wahllos Teile von Kulturen an, die von w*eißen* Menschen kolonialisiert wurden und werden und denen von *weißen* Menschen jede Kultur abgesprochen wird. Dadurch verwässert die eigentliche Bedeutung. *Weiße* Menschen nutzen diese „kulturelle Aneignung", um „exotischer" zu wirken. Wenn eine *weiße* Person Tunnel im Ohr hat, wirkt sie „fancy", aber wenn eine Person of Colour das hat, wird sie von *Weißen* als „primitiv" abgestempelt. Auch ich musste das natürlich erstmal lernen und akzeptieren. So hat es auch einige Zeit gedauert, bis ich meine Dreads, Iro und Piercings abgemacht habe. Ich bin auch immer noch dabei zu lernen, denn das ist für mich ein langer Prozess. Andere Beispiele wären, wie mensch lernen muss, die Barrieren vieler Orte zu sehen und zu begreifen, dass viele coole „Freiräume" für viele Menschen schon aus baulichen Gründen gar nicht erreichbar sind. Oder dass „zur Uni gehen", Auslandsaufenthalte und sich den Eintritt in den Club leisten zu können nicht für alle so selbstverständlich ist.

Ich finde es auch wichtig, dass sich Menschen mit ihren Cis-Privilegien oder trans*männlichen Privilegien auseinandersetzen. Und es ist wichtig, die Intersektionalität von verschiedenen Privilegien und Unterdrückungsformen im Auge zu haben. Es gibt so viele Cis-Privilegien, doch sie scheinen den Menschen, die sie haben, so selbstverständlich, dass sie sie oft nicht, oder nicht im ganzen Ausmaß, sehen. Wie krass und wie groß die Privilegien als cisPerson sind, weiß mensch nur, wenn mensch sie nicht hat. Manche der Beispiele, die ich hier nenne, treffen auch nicht auf alle cisMenschen zu, je nachdem welchen anderen Diskriminierungen sie ausgesetzt sind. Und manche der Privilegien haben auch einige trans*Menschen. Naja, ihr wisst ja selbst, wenn ihr gemeint seid. Hier also eine unvollständige Aufzählung: Allein, ein gutes oder okayes Verhältnis zum eigenen Körper zu haben! Auch „Sex haben können" erscheint mir als Privileg, denn für manche trans*Menschen ist Sex ein schwieriges Thema, wenn sie sich in ihrem Körper nicht wohl fühlen. Für andere trans*Menschen geht das recht easy, so wäre es schlimm, hier zu pauschalisieren. Ich finde es dennoch wichtig, im Auge zu haben, das „Sex" nicht für alle Menschen ein leichtes Thema ist. Ich habe manchmal das Gefühl, in der queerfeministischen Szene giltst du als cool, je mehr Sex und je mehr Beziehungen du hast. Das verstärkt mein Gefühl von „fehlerhaft sein" und nicht dazu zu gehören. Ich sehe auch „schwanger werden können" als ein Privileg an, das viele cisFrauen gegenüber trans*Frauen haben. Viele trans*Frauen würden sehr gerne eine Schwangerschaft erleben und können es nicht. Für einen schwangeren trans*Mann ist die Schwangerschaft mit Diskriminierungen verbunden. Andere Privilegien sind zum Beispiel: mit anderen zusammen schwimmen gehen zu können (was auch kein Privileg für viele Black People und POC – und Menschen, die behindert werden – ist). Ein gewisses Maß an Selbstbewusstsein zu haben, nicht durch die Mühlen des Gesundheitssystems und der Pathologisierung zu müssen, nicht allein zu sein, dazu zu gehören, Cliquen zu haben, Pärchen zu sein, ernst genommen zu werden, als Person gesehen zu werden...

Wenn ich mir meine Privilegien klar mache, kann ich mir vielleicht auch folgende Fragen beantworten: Was sage ich aus welcher Position zu wem? Wie verhalte ich mich als (vor allem cis-hetero) Pärchen gegenüber wem und in welchem Raum? Wie verhalte ich mich in welcher Gruppe zum Beispiel zum Thema „schwimmen im See", wenn das zum Beispiel für trans*- und inter*Personen problematisch und ausschließend sein könnte? Wie rede ich mit wem über Körperlichkeit und Sex? Und und und...

Auch innerhalb der Trans*Community gibt es natürlich verschiedene Privilegien: Zum Beispiel bei *weißen* trans*Menschen, die privilegiert sind gegenüber trans*Personen, die negativ von Rassismus betroffen sind. Dazu gehört auch das Zusammenwirken von institutionellem Rassismus und Trans*feindlichkeit, was es sehr schwer macht für Non Citizens (Menschen ohne hiesige Staatsangehörigkeit), medizinische Unterstützung im Transitionsweg zu bekommen. Damit meine ich den Zugang zu Hormonen, die Kostenübernahme von Operationen, die offizielle Vornamens- und Personenstandsänderung usw... Es gibt Machtgefälle zwischen ärmeren und reicheren trans*Menschen, sehenden und blinden trans*Menschen, zwischen trans*Menschen, die laufen können und trans*Menschen mit Rollstuhl usw.

Es gibt auch viele trans*Menschen, die ein gutes oder okayes Verhältnis zum eigenen Körper haben, die keine OP machen müssen und auch keine Hormone oder Testoblocker einnehmen müssen. Ich freue mich für alle, die gut oder einigermaßen mit ihrem Körper klar kommen und finde es schlimm, wenn ihnen deshalb ihre trans*Identität abgesprochen wird. Es ist nur auch wichtig, sich bewusst zu machen, dass das ein Privileg ist, denn dann kann mensch dementsprechend vorsichtig handeln. Zum Beispiel gab es ja regelmäßig das „Trans*Inter* Schwimmen" in Berlin und ein Bekannter von mir hat mir letztens erzählt, dass er dort mit zwei cisFeundinnen hingegangen ist. Einfach, weil er es sich nicht vorstellen konnte, dass das für andere trans*- und inter*Personen ein Problem sein könnte, sich halbnackt vor fremden cisMenschen zu zeigen.

Binäre trans*Identitäten sind privilegiert gegenüber nicht-binären Identitäten. Für mich als binäre trans*Frau ist es schon sehr schwierig, in meiner binären Geschlechtsidentität akzeptiert zu werden. Noch schwieriger ist es aber, für eine nicht-binäre Identität Anerkennung zu bekommen. Da macht das Zwei-Geschlechter-Denken vieler Menschen nicht mit. Dann ist es ein Privileg, als „cisMann" oder „cisFrau" gelesen zu werden, wenn mensch das möchte. Vielen trans*Menschen ist das gar nicht wichtig, aber viele können das auch einfach nicht.

Andere Perspektiven sehen

Ein weiterer Punkt auf meiner „Was tun-Liste" ist: Versuchen, die Perspektive von diskriminierten Menschen zu sehen und in die eigenen Kämpfe einzubeziehen. Damit meine ich zum Beispiel, dass *weiße* Menschen versuchen, in (queer) feministischen Kämpfen auch die Perspektive von Black People und People of Colour zu sehen und einzubeziehen und dass sich mit Klassismus, Ableismus und anderen Unterdrückungsformen ernsthaft auseinandergesetzt wird. Auch ist es wichtig, dass Menschen, die nicht negativ von Trans*misogynie betroffen sind, die Perspektive von trans*Frauen und nicht-binären trans*Weiblichkeiten versuchen zu sehen. Wir sind es wert, gesehen zu werden. Und wir sind wichtig. Wir sind sogar wichtig genug, dass jeder Feminismus, der uns nicht sieht und uns diskriminiert, scheiße ist!

Ich finde es wichtig, sich über queerfeministische Kämpfe und Bewegungen in nicht-westeuropäischen Ländern zu informieren und von ihnen zu lernen. Zum Beispiel von Frauendemos in Indien, bei denen trans*Weiblichkeiten mit viel größerer Selbstverständlichkeit beteiligt sind. Wir können lernen von Gesellschaften, die weniger stark vom Zwei-Geschlechter-Denken geprägt sind und uns alternative Geschlechtskonstruktionen ansehen, zum Beispiel „Two Spirit" oder „Winkte" als Gender bei einigen Native Nations in Nordamerika. Wir könnten uns starke Trans*communties anschauen, wie zum Beispiel in Bangkok, Buenos Aires oder Istanbul, wo ich auch noch viel zu wenig drüber weiß.

Inklusive Räume schaffen

*„Wir sollten uns umhören, wie der Umgang mit trans*Frauen in feministischen Projekten ist und gegebenenfalls Druck auf diese ausüben, wenn sie ausschließend sind."*

So hat es letztens eine Freundin auf den Punkt gebracht. Es gibt keinen Grund, trans*Weiblichkeiten von Veranstaltungen auszuschließen. Das ist immer diskriminierend und scheiße. Wenn euch eine Party oder ein Workshop oder so auffällt, die oder der nicht offen für trans*Frauen ist, dann seid bitte solidarisch! Teilt den Veranstalter_Innen eure Kritik mit und boykottiert sie! Stattdessen könntet ihr einen schönen Abend mit euren trans*weiblichen Freund_Innen verbringen. :-)

Ich finde es wichtig, inklusive und barrierefreie Räume zu schaffen. Veranstalter_Innen sollten sich immer fragen, wie barrierefrei ihre Räume wirklich sind. Mit „Raum" meine ich hier nicht nur den Raum mit vier Wänden, sondern eher den „sozialen Raum". Das kann auch eine Demo oder Open-Air-Veranstaltung, ein Chat-Raum, ein Netzwerk, etc. sein. Ich wünsche mir Räume, in denen sich auch trans*Weiblichkeiten wohl und sicher fühlen. Ich wünsche mir Räume, in denen wir nicht immer Angst haben müssen vor doofen Fragen und Kommentaren; davor, dass trans*misogyne Flyer und Broschüren ausliegen; davor, dass Leute uns die Weiblichkeit absprechen; davor, jederzeit darauf hingewiesen zu werden, dass das hier ja eine FLT*I*-Veranstaltung sei oder dass wir blöde und skeptisch angeschaut und respektlos behandelt werden. Ich wünsche mir Räume, in denen wir nicht ignoriert und wie Luft behandelt werden und in denen Menschen nicht einfach vom Aussehen auf das Pronomen und die Geschlechtsidentität von Menschen schließen – Räume, in denen trans*Frauen ganz selbstverständlich willkommen sind und dazu gehören.

Feministische Gruppen sollten sich bemühen, trans*Weiblichkeiten in Entscheidungsprozesse und Organisation einzubeziehen. Das bedeutet allerdings nicht, einfach eine trans*Frau als „Quotentranse" mit in die Gruppe aufzunehmen, die dann dauernd die anderen auf Trans*misogynie aufmerksam machen muss. Die trans*Frau fühlt sich dann vielleicht total unwohl in der Gruppe, während die anderen sich ganz cool fühlen und Kritik zu Trans*misogynie damit abwehren können, dass sie ja eine trans*Frau dabei haben. Dass eine trans*Frau dabei ist, heißt nicht, dass sich die Gruppe nicht mit Trans*misogynie auseinandersetzen muss. Gruppen sollten sich mit dem Thema Trans*misogynie ernsthaft auseinandersetzen, transparent machen, wenn sie cis- und/oder, trans*männlich dominiert sind und auch transparent machen, wenn sie das Thema Trans*misogynie bisher nicht mit einbezogen haben. Wenn eine Gruppe trans*Frauen einlädt dabei zu sein, fände ich es erstmal gut, wenn sie ehrlich sind und zum Beispiel sagen: „Wir fänden es voll gut, wenn du mitmachst. Wir haben uns bisher nicht mit Trans*misogynie auseinandergesetzt, aber

Ich wünsche mir Räume, in denen wir nicht ignoriert und wie Luft behandelt werden und in denen Menschen nicht einfach vom Aussehen auf das Pronomen und die Geschlechtsidentität von Menschen chließen - Räume, in denen trans*Frauen ganz selbstverständlich willkommen sind und dazu gehören.

wir wollen das Thema sehr ernst und wichtig nehmen..." Sie könnten den trans*Weiblichkeiten auch versichern, dass sie Kritik kommentarlos annehmen werden. Das ist eine wichtige Voraussetzung und macht vielleicht ein sichereres Gefühl. Es ist wichtig, trans*Frauen einzuladen, sich einzubringen und dabei zu sein. Für Menschen, die sich eher im trans*weiblichen Spektrum verorten, ist es eh schon oft mit Ängsten verbunden, in feministische Räume zu gehen und wenn Feministinnen immer nur ihre CisFreundinnen zu FLT*I*-Veranstaltungen einladen wird sich nicht viel daran ändern. Feministische Gruppen können sich auch umschauen, was es sonst für Trans*- und Inter*-Gruppen und -Organisationen gibt und diese einbeziehen. Natürlich sind nicht alle Gruppen cool, nur weil sie trans* und/oder inter* sind.

Kritik annehmen

Ich finde es sehr wichtig, sich gegenseitig zuzuhören und Kritik offen und dankbar anzunehmen. Denn das gibt erst die Chance, etwas zu ändern und voneinander zu lernen. Wenn zum Beispiel eine feministische Veranstaltung kritisiert wird, bedeutet das nicht automatisch, dass mensch alles scheiße findet. Es kann ja auch eine solidarische Kritik sein, also dass mensch die Ziele und das Anliegen der Veranstalter_Innen prinzipiell cool und unterstützenswert findet, aber teilweise schlecht umgesetzt. Genau deswegen nimmt mensch sich ja auch die Zeit, die Kritik zu formulieren, um eben dabei zu unterstützen, dass die Umsetzung besser werden kann. Und damit setzt mensch sich ja auch der Gefahr der Abwehr aus und würde das vielleicht gar nicht machen, wenn ihr_ ihm die Ziele/Gruppe/... nicht auch wichtig wären und sie_er nicht prinzipiell solidarisch wäre. Und mensch kritisiert ja ein Verhalten und nicht Personen. Manche wehren Kritik ab und sagen: „Nee, ich *bin* doch nicht sexistisch oder trans*feindlich." Aber trotzdem hat sich die Person vielleicht so verhalten und wenn sie nicht sexistisch sein will, sollte sie offen für Kritik sein, auch in Bezug auf Trans*misogynie.

Viele reagieren dagegen auf Kritik mit Abwehr und Gegenangriff. Es ist unangenehm, auf eigene Privilegien und auf eigenes Diskriminierungsverhalten aufmerksam gemacht zu werden. Sie werden wütend auf die Person, die die

Kritik anbringt, oder sagen, dass sie Angst vor ihr bekommen. Sie vermeiden es, über den Inhalt ihrer Kritik zu reden und reden nur darüber, wie sehr sich die Person im Ton vergreift und dass sie die Art und Weise der Kritikäußerung nicht gut finden und so. „Ich hätte mich ja sooo gerne inhaltlich mit der Kritik auseinandergesetzt, aber so wie sie formuliert wurde, kann ich das leider nicht." Wenn eine Person Diskriminierung thematisiert, passiert es auch schnell, dass sie als hysterisch und übersensibel dargestellt wird. Auch weil Personen, die nicht negativ von der angesprochenen Diskriminierungsform betroffen sind, diese nicht verstehen. Dann reden die kritisierten Personen natürlich auch nur darüber, wie schlecht es ihnen jetzt damit geht, kritisiert worden zu sein, und nicht darüber, dass es vielleicht auch der diskriminierten Person schlecht gehen könnte. Dieses Verhalten wird manchmal je nachdem „cis tears", *„white tears"* usw. genannt (Cis-Tränen, *weiße* Tränen). Abwehrtechniken wie diese kommen so oft vor, wenn diskriminierte Personen Kritik anbringen zum Thema Trans*misogynie, Rassismus, Klassismus usw...

Solidarisch sein

Wenn ihr zum Beispiel Flyer, Sticker oder Broschüren mit trans*misogynem Inhalt seht, könnt ihr die Leute, die sie auslegen, ansprechen und ihnen erklären, was an dem Flyer trans*misogyn ist. Ihr könnt auch einfach mal einen Stapel Flyer in den Müll werfen. Es ist gut, wenn Menschen das machen, die nicht negativ von Trans*misogynie betroffen sind. Dann sind die Flyer vielleicht schon weg, bevor eine trans*feminine Person damit konfrontiert wird. Auch könnt ihr Veranstaltungsgruppen anschreiben und sie auf trans*misogyne Inhalte aufmerksam machen. Gleiches erhoffe ich mir natürlich, wenn uns andere Diskriminierungen auffallen. Mit „solidarisch einschreiten" meine ich nicht, dass ihr sofort dazwischen springt, wenn ihr hört, dass eine trans*Frau belästigt wird. Vielleicht kommt sie gerade gut alleine mit der Situation klar? Vielleicht will sie keine Eskalation? Aber es kann hilfreich sein, sie anzusprechen und vorsichtig zu fragen, ob alles ok ist oder ob sie Unterstützung in irgendeiner Form möchte.

Was ich mir auch manchmal wünschen würde, ist Verständnis dafür, dass es für mich mit Ängsten verbunden ist, nachts alleine nach Hause zu gehen. Es wäre schön, wenn ich nicht das Gefühl haben müsste, Leute fänden mich komisch oder hysterisch, wenn ich davon spreche. Viele Menschen haben aus unterschiedlichsten Gründen nachts Angst auf der Straße. Vielleicht bietet es sich manchmal an, gemeinsam von der Disko nach Hause zu gehen und sich ein bisschen abzusprechen, wer wann gehen möchte? Oder vielleicht könnten sich auch Menschen vorstellen eine_n Freund_In mal von der Haltestelle abzuholen?

Viele trans*Menschen, die Operationen brauchen, können vor, während und nach der Krankenhauszeit emotionale und praktische Unterstützung brauchen. Ich frage mich, warum sowas oft nicht als „politischer Aktivismus" gezählt und von „coolen" Szene-Aktivist_Innen eher belächelt wird.

Redeverhalten

Für viele Personen, die negativ von Trans*misogynie betroffen sind, ist es sehr schwierig, in Gruppen zu reden, die cis- und/oder trans*männlich dominiert sind. Da freue ich mich, wenn es so eine Atmosphäre in der Gruppe gibt, dass alle achtsam miteinander umgehen und darauf achten, dass alle sich wohl fühlen und dass alle gehört werden. Das würde ich mir natürlich für jede Gruppe, Gesprächsrunde, Plenum usw. wünschen, unabhängig davon, ob trans*Weiblichkeiten anwesend sind. So könnte mensch sich zum Beispiel zwischendurch mal fragen: „Hab ich vielleicht jetzt schon sehr viel und sehr lange geredet? Andere vielleicht noch gar nicht?" Dann wäre es vielleicht gut, erstmal ein bisschen zu warten und so anderen den Raum zu geben, die sich weniger gut durchsetzen können und die nicht so selbstbewusst sind und deshalb länger überlegen, bevor sie was sagen. Manchmal bin ich genervt, wenn sich Leute nicht ausreden lassen und sich gegenseitig ins Wort fallen. Ich finde es auch wichtig, die Person, die spricht, nicht zu stören/zu beeinflussen/zu verunsichern durch Gesten, Mimik und Geräusche. Wenn ich meinen Mut zusammen nehme und einen sensiblen Punkt vorbringe, hilft es mir nicht, wenn ich schon, während ich rede, genervtes Augenrollen, energisches Kopfschütteln, Seufzer oder Gähnen wahrnehme.

Auf das eigene Redeverhalten und auf einen respektvollen Umgang miteinander zu achten, finde ich super wichtig. Es gibt aber auch Methoden, die einer Gruppe helfen können, dass alle gehört werden. Zum Beispiel finde ich es gut, im Plenum/Gesprächskreis öfter mal eine „Runde" zu machen. Das heißt, jede Person hat der Reihe nach die Gelegenheit, sich zu einem Thema zu äußern. Wenn jemensch nichts sagen möchte, sagt sie einfach „weiter" und die nächste Person ist dran. Solche Runden sind für mich oft die einzige Möglichkeit etwas beizutragen. Ich weiß genau: „gleich komme ich dran", die Aufmerksamkeit ist bei mir und ich kann auch etwas zögernd und überlegter antworten, ohne dass ich Angst habe, dass schon die nächste Person das Wort ergreift. Auf die Weise muss ich mir den Raum nicht erst erkämpfen, er ist schon da. Ich schlage vor, dass bei wichtigen Diskussionspunkten so eine Runde am Anfang und zum Ende des Punktes gemacht wird. Dazwischen könnte es dann eine offene Diskussion geben. Wenn hier alle wild durcheinander reden, endet es meist damit, dass nur die Lautesten und die Schnellsten zu Wort kommen. Für eine offene Diskussion finde ich es deshalb hilfreich, eine Redeliste zu machen. Das heißt, ich gebe der Person, die die Liste macht, ein kurzes Handzeichen, wenn ich was sagen möchte. Und sie schreibt meinen Namen dann auf die Liste. So schreibt sie alle Menschen auf, die sich melden und nimmt alle der Reihe nach dran. Oft reicht auch nur ein Blickkontakt oder Zwinkern zu der Redeliste-Person, damit sie versteht, dass mensch was sagen will. Das finde ich sehr angenehm. Die Hemmschwelle ist da für mich viel niedriger, ein kurzes Handzeichen zu machen, als selbst das Wort ergreifen zu müssen, in einer Runde, wo alle ‚ganz locker' durcheinander reden, sich gegenseitig ins Wort fallen und versuchen, sich an Lautstärke zu überbieten. Ein kurzes Handzeichen zu geben ist für mich auch angenehmer, als den Arm so lange oben zu halten, bis ich drangenommen werde. Dann gucken alle auf mich und ich fühle mich komisch und unsicher. So steht mein Name einfach auf der Liste und ich hab die Gewissheit, dass ich gleich dran bin.

Was ich auch gut finde, ist eine „Emo-Runde" zu Beginn des Plenums, in der jede Person die Gelegenheit hat kurz zu erzählen, wie es ihr geht, was gerade so bei ihr los ist. Das entlastet die Person vielleicht, besonders wenn sie sich sonst nicht so gut in Gruppen mitteilen kann. Außerdem können die anderen Menschen das, was sie sagt, dann vielleicht besser einordnen. Und ich finde, mensch rückt auch als Gruppe näher, wenn es nicht nur kühle Sachlichkeit gibt. Am Ende des Plenums könnte es eine Feedback-Runde geben. Vielleicht hat die ein oder andere Person noch Lob und Kritik loszuwerden oder hat noch von irgendeinem Punkt Bauchschmerzen mitgeschleppt. Mensch könnte auch sagen, mit welchem Gefühl mensch aus dem Plenum rausgeht, vielleicht was mensch sich für's nächste Treffen wünschen würde usw.

Natürlich ist mir klar, dass solche Methoden vielen Menschen als umständlich und nervig erscheinen. Und zwar in der Regel genau den Menschen, die sie nicht brauchen. Dann seid bitte solidarisch mit den Leuten, die sonst kaum die Möglichkeit haben, sich einzubringen. Dass dem so ist, hat ja auch seine Gründe.

Achtet darauf, wie ihr mit trans*Weiblichkeiten redet. Wenn ihr sie kritisieren wollt, dann kritisiert sie ohne ihnen ihre Geschlechtsidentität abzusprechen! Eine trans*Frau, die den Flur nicht fegt, ist vielleicht faul, aber kein Macho! Mit Wörtern wie „Macker" oder „Macho" sprecht ihr trans*Weiblichkeiten die Geschlechtsidentität ab. Selbst wenn ihr das vielleicht auch zu einer cis-Frau sagen würdet. Das ist noch was ganz anderes. Denn eine cisFrau steht nicht immer unter dem Druck, ihre Geschlechtsidentität beweisen und verteidigen zu müssen. Es ist möglich, mit einer trans*Frau respektvoll zu reden, sie als Person ernst zu nehmen, sie nicht wie ein Kind zu behandeln, nicht die eigene Wut an ihr auszulassen, ihr nicht das Gefühl zu geben, dumm zu sein und ihr etwas zuzutrauen. Es ist möglich, dass sie einfach dabei ist.

So, damit wäre ich dann auch schon durch mit meinem Büchlein über „Trans*misogynie". Je länger ich die Manuskriptabgabe vor mir herschiebe, desto länger wird dieses Buch, denn an Beispielen, die einer trans*Frau im Alltag begegnen, mangelt es ja leider nicht. Ich hoffe, ihr konntet was damit anfangen. Vielleicht habt ihr mir bei einigem zustimmen können und an anderen Stellen hattet ihr Fragezeichen oder auch Bauchschmerzen? Ihr könnt mir gerne Feedback, Kritik usw. per Mail schreiben, an: faulenza@yahoo.de. Vielleicht könnt ihr eure neu gewonnenen Fragezeichen auch mitnehmen, um mit Menschen über „Trans*misogynie" ins Gespräch zu kommen. Das würde mich natürlich freuen. Das gleiche werde ich auch weiterhin mit meinen Fragezeichen machen, denn für mich ist natürlich auch längst nicht alles so klar und einfach. Deshalb möchte ich das Buch auch nicht zuklappen und sagen: „So, das ist

Trans*misogynie." Denn, wie gesagt, es ist ja nur meine ganz persönliche Sicht auf das Thema, die ich hier mit euch teile.

Ich bedanke mich auf jeden Fall ganz, ganz herzlich bei euch für euer Interesse! Danke für's Lesen und für den Support!

Eure FaulenzA

Hier noch ein Lied von mir:
FaulenzA (2015)

Ich wär gerne

Ich mag meine Freund_Innen so gern, ich hab sie lieb,
all die Abende, die Runden, in denen ich gern lange blieb,
nein, die meisten sind nicht trans*, sondern cis und hetero,
geh'n auf die Disko-Fete so und ich geh mit.
Auch hier sind fast nur Cis und ey, wie gucken die mich an?
All die Heten-Pärchen knutschen, wo es jede sehen kann
und muss, ja dankeschön, ich weiß doch eh', wie einfach ihr es habt.
Ich hab kein Bock und häng am Tresen, die Gedanken gehen auf Fahrt.

Ich wär gerne eine cisFrau in ,ner Hetero-Beziehung, wir könnten tauschen du und ich.
Dann wärst du meine Freundin und mein queeres Accessoire,
das wär doch super, oder nicht?
Nein, das wär' hart für dich, doch dafür wär ich selbstbewusst und smart,
denn ich hab Heten-Privilegien am Start.

So, jetzt bin ich die Heten-cisFrau und nicht lesbisch, bi und schwul,
trotzdem geh ich auf die queere Party, denn ich bin so cool.
Weißt du, ich geh mit meinem Freund, wir könnten überall tanzen gehen,
doch gerade hier find ich es schön. Und du gehst mit.
Mein Freund und ich wir nehmen uns beim tanzen Platz für zehn,
sind so selbstbewusst und fummeln, tja, das musst du jetzt halt seh'n.
Was machst du für'n Gesicht, nur weil ich immerzu mein' Schatz küss'?
Damit die Schwuchteln wissen, wo ihr Platz ist.

Ich wär gerne eine cisFrau in ,ner Hetero-Beziehung, wir können tauschen, das wär
schön.
Dann wärst du meine Freundin und mein queeres Accessoire,
dann kannst du die Welt durch meine Augen seh'n.
Das wär hart für dich, doch dafür wär ich selbstbewusst und smart,
denn ich hab Heten-Privilegien am Start

Voll schön, jetzt bin ich schwanger und du freust dich sehr für mich.
Ich schick auch täglich neue Photos von meinem Schwangerbauch an dich.
Du klickst dann auf gefällt dir, denn ich zeig gern dann und wann,
dass ich Kinder kriegen kann und du nicht.

Heut ist' warm, es scheint die Sonne, ich lad' dich zum schwimmen ein.
Für dich ist's schwer halb nackt zu sein, aber du bleibst nicht gern allein.
Da bleibst du draußen, doch wir ander'n springen nackig in den See,
vielleicht tut dir das ja weh. Mir jedenfalls nicht.

Ich wär gerne eine...

So unter Frauen red' ich von Menstruation und du erwähnst,
dass auch du ja eine Frau bist, doch die Mens dir nur ersehnst.
Doch ich als cisFrau weiß, 'ne echte Frau, die sieht so aus wie ich:
Hat 'ne Vulva sicherlich und menstruiert.

Ich frag mich nicht, warum du Single bist, nicht flirtest so wie ich,
was du bei Partnern erst erklären musst und ist Sex möglich für dich?
Ich kann dafür ja einfach dir von meinem Sex erzähl'n
und dir Partnerchats empfehl'n – sicherlich.

Ich mag meine Freunde, nicht dass ihr das falsch versteht.
Ich wünsch' mir nur mehr Bewusstsein und mehr Sensibilität,
mehr Achtsamkeit mit eigenen Privilegien umzugeh'n,
einfach das fänd ich nur schön, versuch auch ich.

Wie Menstruation tabuisiert wird, kritisiere doch auch ich.
Viele hätten sie sehr gerne, das vergesst nur bitte nicht.
Doch so manche Feministin erzählt mir von Vulva-Pride
oder Menstruationsneid, das brauch ich nicht.

So versuch auch ich, die eigenen Privilegien zu versteh'n,
die Perspektive von Black und People of Colour auch zu seh'n.
Nehm' die Gitarre und sing dies Lied über Awareness und Respekt,
in meinem Traum wird das ein Hit und du singst mit

Der einzige Grund trans*Weiblichkeiten auszuschließen ist Trans*misogynie.

Tipps zum Weiter-Informieren

„Laverne Cox explains the Intersection of Transphobia, Racism and Misogyny (And What to Do About It)" (Laverne Cox: Everyday Feminism)

„Gegendiagnose – Beiträge zur radikalen Kritik an Psychiatrie und Psychologie", Edition Assemblage, ISBN: 978-3-942885-80-5

Vortrag: „Trans* in Arbeit", Arn Sauer

Hab ich selbst noch nicht gelesen, aber sollen ganz gut sein: Bücher von Julia Serano.

„How to respectfully love a Trans*woman: Navigating Transmisogyny in Your Romantic Relationship" (Kaylee Jakubowski, Everyday Feminism) – Hab ich selbst noch nicht gelesen, aber wurde mir empfohlen.

„Same discussions as every year – Intervention gegen die (bewusste und unbewusste) Ausgrenzung von trans*Frauen", Herbst 2011, Gruppe „w.i.r. – linksradikale Trans*vernetzung NRW"

„Transmisogyny 101: What It Is and What Can We Do About It" (Everyday Feminism)

Glossar

Agender: Menschen, die kein Geschlecht haben (wollen).

binär: benutze ich so wie z.b.: „Eine Person definiert sich binär." Das heißt, entweder als Mann oder Frau. Oder „binäres Denken", was für mich bedeutet, dass Leute denken, es gäbe nur zwei Geschlechter.

biologistisch: Mit „biologistischen Zuschreibungen" meine ich, dass körperliche Merkmale verbunden werden mit „Geschlecht" oder auch mit bestimmtem Verhalten, z.B. Testosteron = aggressiv, Bart = männlich usw. usw. usw. ... Die Liste ist leider endlos lang. :-(

Butch: (englisch, etwa: „maskuliner Typ") darunter versteht man eine Frau, die in einer lesbischen Beziehung rollentypisch männliche Verhaltensweisen einnimmt und dem eventuell auch optisch sehr nah kommt. Zunächst einmal wird dieser Begriff zum Zweck der Selbstdefinition genutzt und nicht primär von Außenstehenden, die die betreffende Person in einer Rolle wahrnehmen. (szenelesbe.com)

Cis: Menschen, die in dem Geschlecht leben wollen, in dem sie leben sollen. Also wenn bei einem Menschen bei der Geburt „weiblich" in die Geburtsurkunde eingetragen wurde, er aufgrund von körperlichen Merkmalen bei der Geburt weiblich zugeordnet wurde, erwartet die Gesellschaft von ihm, eine Frau zu sein. Wenn das für diesen Menschen so passt und sie kann sich damit identifizieren, ist sie eine Cis-Frau. Und wenn ein Mensch als Mann leben soll und das auch will, ist er ein Cis-Mann. Die Definition hab ich aus der Broschüre „Mädchen, Junge, Pony" von der „Trans*genialen F_antifa". Cis ist also quasi das Gegenteil von Trans*. Es ist voll wichtig, ein gutes Wort dafür zu haben, denn sonst denken Leute: „Du bist Trans* und ich bin normal." Dooferweise versuchen viele CisMenschen, das Wort zu vermeiden, sagen Sachen wie z.B.: „Ich bin eine Bio-Frau", „Ich bin eine weiblich sozialisierte Person" (siehe auch den Abschnitt „Sozialisationsargument"), „Ich bin eine klassische Frau" und so weiter. Solche doofen Wörter diskriminieren Trans* und sprechen ihnen ihre Geschlechtsidentität ab. Daher: CIS!

cis-/heteronormativ: Wenn ich schreibe, dass die Gesellschaft oder Leute cis-und/oder heteronormativ sind, meine ich damit, dass sie glauben und voraussetzen, es gäbe genau zwei Geschlechter, nämlich „Männer" und „Frauen". Diese sind heterosexuell, haben jeweils die und die Interessen und Qualitäten und es gibt jeweils sehr genaue Vorstellungen, wie ihre Körper auszusehen haben.

Cis-Passing: Passing kommt aus dem Englischen und heißt „durchgehen als". Von Trans*Menschen wird es oft so verwendet, wie wenn zum Beispiel ein Trans*Mann von anderen als Mann erkannt wird, dann „passt" er oder „hat ein gutes Passing". Dieser Passing-Begriff ist aber sehr von dem Zwei-Geschlechter-Denken geprägt und schließt nicht-binäre Identitäten aus. Ich mag lieber so etwas schreiben wie: „Ich werde als Frau gelesen" als: „Ich passe als Frau".

Estro: Estrogen, Sexualhormon, wird häufig von Inter* und/oder Trans*-Personen eingenommen, die gerne größere Brüste, hellere und dünnere Körperhaare u.a. möchten. Die Stimme wird dadurch allerdings nicht höher und Bart/Körperbehaarung nicht weniger.

Exotisierung: jemanden als grundlegend anders, fremd und nicht dazugehörig betrachten und darstellen. Herausstellen und hervorheben von Merkmalen, die als „anders" definiert werden. Oft auch im kolonial geprägten Zusammenhang/ im Zusammenhang mit Rassismus.

inklusiv: benutze ich so wie „Der Raum ist inklusiv, also ist er für möglichst viele Menschen zugänglich, möglichst viele können sich hier wohl fühlen."

Inter*: Es gibt biologische Komponenten, die gesellschaftlich als männlich oder weiblich zugeordnet werden. Was es nicht gibt, ist männlich oder weiblich an sich. Biologisch kann unterschieden werden nach hormonellen, chromosomalen, gonadalen (Keimdrüsen) oder anatomischen, den sogenannten primären, Geschlechtsmerkmalen. Bei den meisten Menschen stimmen diese biologischen Merkmale dahingehend überein, dass sie alle einheitlich männlich oder weiblich zugeordnet werden. Bei mehr Menschen, als man denkt, ist das jedoch nicht der Fall. Wie viele das sind, ist vollkommen unklar. Zum einen, weil es eine Unsichtbarkeit gibt. Denn momentan wird von jeder_m eingefordert, Mann oder Frau zu sein. Und ärztliche Aufklärung fand früher und findet zum Teil noch heute sehr unzureichend statt. Zum anderen gibt es viele unterschiedliche „Phänomene", zum Teil körperlich sichtbar, zum Teil nicht. Und wer kennt schon seinen Hormonstand genau? Zahlen schwanken zwischen 0,1 und 4 Prozent. Egal was stimmt: auf jeden Fall sind in Deutschland ein paar Tausend Menschen biologisch nicht eindeutig zuzuordnen. Das sind Menschen, die meist als Inter*Personen bezeichnet werden. Die offizielle Bezeichnung ist

„Disorder of Sex Development", die offensichtlich abwertend ist. Die neuere Übersetzung der Abkürzung DSD ist Differences of Sex Developments (Unterschiede der Geschlechtsentwicklung). Aber auch parteipolitisch wird meist von Inter*Sex gesprochen. Selbstbezeichnungen sind ganz verschieden: Zwischengeschlecht, Zwitter, Inter*, Hermaphrodit oder was ganz anderes oder keins von dem, sondern einfach Mann oder Frau, oder mit Vorsilbe: InterMann, XY-Frau.

Denn neben den biologischen Merkmalen gibt es noch die geschlechtliche Identität, also das psychische Geschlecht. So sagt die Einheitlichkeit oder Uneinheitlichkeit dieser Merkmale noch nichts über die geschlechtliche Identität eines Menschen aus. Auch wenn sie aufgrund der gesellschaftlichen Zuschreibung dieser Merkmale als männlich und weiblich sicher einen sehr hohen Einfluss darauf hat. So gibt es Inter*Personen, die sich als Mann oder Frau definieren, aber auch sehr viele, die das nicht tun. Nach einer Umfrage des Ethikrates sind es nur 23 Prozent der nicht-AGS-Betroffenen (Androgenitales Syndrom), die sich als männlich oder weiblich definieren. (frei aus dem Vortrag der Kampagne: dritte-option.de)

Gender-Fluid: Menschen, die sich nicht dauerhaft auf ein Geschlecht festlegen wollen oder können.

negativ betroffen: Umgangssprachlich wird oft einfach nur ‚von Diskriminierung betroffen‘ gesagt. Ich schreibe meistens ‚negativ betroffen‘, weil ich verdeutlichen möchte, dass Diskriminierung immer alle Beteiligten betrifft: die diskriminierten, die diskriminierenden Personen sowie alle, die aus einem gesellschaftlichen Diskriminierungsverhältnis (z.B. Trans*misogynie) Vorteile ziehen.

Patriarchat: männlich dominierte Gesellschaft

Privilegien: Ein Privileg ist ein Vorrecht, das einer einzelnen Person oder einer Personengruppe zugestanden wird. Das ist das, was Menschen haben, die von einem Machtverhältnis positiv betroffen sind. Meist für die, die sie haben, sind sie nicht spürbar/ unsichtbar, wohingegen sie für die Menschen, die von einem Machtverhältnis negativ betroffen sind, umso spürbarer sind. Privilegien kann mensch nicht ablegen, sondern nur einsetzen. Zum Beispiel können privilegierte Menschen ihre Privilegien einsetzen, um das Macht-/Diskriminierungsverhältnis kaputt zu machen/anzugreifen. Sie sind unabhängig von eigenen Handlungen vorhanden und wirken sich auf zwischenmenschlicher, gesellschaftlicher (z.B. Normen) und struktureller (z.B. gesetzlich) Ebene aus. Gleichzeitig sind sie bedingt durch zwischenmenschliche, strukturelle und gesellschaftliche Ebenen. Privilegien haben Menschen auf dem Rücken von anderen Menschen. Wenn ich

Privilegien habe, heißt das auch, dass diese Privilegien anderen vorenthalten werden. Mensch lernt oft nur, dass Diskriminierung etwas ist, was andere benachteiligt, aber mensch lernt oft nicht, dass das auch was mit einem selbst zu tun hat, also dass die Diskriminierung der einen die Bevorteilung der anderen bedeutet.

Schwarze / People of Colour (PoC): Selbstbezeichnung von Menschen, die negativ von Rassismus betroffen sind. „Der Begriff ist nicht ins Deutsche übersetzbar und wird von PoC selbst auf Englisch verwendet. Er verbindet Menschen, die aufgrund phänotypischer Eigenschaften wie Haut-, Augen- und/oder Haarfarbe, Haarstruktur sowie unterstellter, angenommener oder tatsächlicher Migrationsgeschichte nicht als Zugehörige der weißen Mehrheitsgesellschaften identifiziert und anerkannt werden. Queers, Trans*, Inter* of Colour beziehen sich auf die Bezeichnung PoC. Sie grenzen sich damit nicht nur von der *weißen* Mehrheitsgesellschaft ab, sondern auch von den rassifizierten Dominanzverhältnissen innerhalb von LSBTIQ-Bewegungen." (aus „Intersektionale Beratung von/zu Trans* und Inter*", transinterqueer.org)

‚Schwarz' wird groß geschrieben, weil es keine adjektivische Beschreibung ist, sondern eine politisch gewählte Selbstbezeichnung ist, dagegen wird ‚weiß' klein geschrieben und oft kursiv. Hier geht es darum, deutlich zu machen, dass der Begriff eine kritisch gemeinte Konstruktion ist und keine rassistische Beschreibung, die unreflektiert auf ein körperliches Merkmal, wie die Hautfarbe, abhebt. (siehe https://www.edition-assemblage.de/wie-vermeide-ich-es-rassistische-artikel-zu-schreiben/)

Sexismus: Ungleichbehandlung von – sowie Hass und Gewalt gegen – Menschen, die nicht cis-männlich sind (transgeniale f_antifa)

Sozialisation: Das ist alles, was uns so in unserem Heranwachsen, in unserem Leben beeinflusst. Wenn zum Beispiel gesagt wird, ein Mensch ist „männlich sozialisiert", ist gemeint, dass er als Mann in einer männlich dominierten Gesellschaft aufgewachsen ist und er dadurch z.B. bestimmte Denk- und Verhaltensweisen gelernt hat.

Testo: Testosteron, Sexualhormon, wird häufig von Inter* und/oder Trans*-Personen eingenommen, die gerne mehr Bartwuchs, eine tiefere Stimme, dickere Muskeln u.a. möchten.

Trans*: Bei Trans*Menschen (wenn sie nicht auch Inter* sind) werden die biologischen Merkmale bei der Geburt zwar einheitlich männlich oder weiblich zugeordnet, aber die geschlechtliche Identität ist eine andere. Auch viele Trans*Menschen definieren sich als Mann oder Frau. Aber es gibt auch sehr viele Trans*Menschen, die sich in den beiden Kategorien nicht wiederfinden und sich einfach als Trans*, Genderqueer, … bezeichnen würden.

Inter*- und trans*Menschen sind negativ vom Zwei-GeschlechterDenken (und vom heteronormativen Denken) betroffen. Leider werden Inter*-Perspektiven viel zu oft nicht mitgedacht oder das „I*" wird einfach an FLT* hinten drangehängt, um zu zeigen, dass mensch cool ist, aber ohne sich wirklich mit Forderungen von Inter*Personen zu solidarisieren und Inter*Personen einzubeziehen.

Trigger: Auslöser, der traumatische (sehr schlimme) Erinnerungen wachruft

weiß: Bezeichnung für Menschen, die von Rassismus profitieren

Artist: Mirimineta

„Siegessäule", August 2016

„Das Album „Einhornrap" von FaulenzA ist ein starkes Stück. Unverblümt knallt die in Berlin lebende Sängerin, Rapperin und Trans*aktivistin Themen wie Transmisogynie, Körperdogmen, Diagnoseschlüssel, Suizid oder trans*phobe Gewalt auf den Tisch und erschafft dabei ein kraftvolles queer-politisches Statement. Doch nicht nur ihre klugen Rhymes machen das Album zu einem Ereignis, sondern auch das oft gelungene Songwriting der Tracks – unter anderem mit Gästen wie sookee, MSOKE oder Carmel Zoum. Keine leichte, aber eine wichtige Platte."

FaulenzA – Glitzer Rebellion

OX fanzine 4/2014 (August/September 2014)
„Faulenz*A : Glitzer Rebellion" CD // faulenza.blogsport.de //

Aus dem streunenden Punk Faulenza ist auf seinem/ihrem zweiten Album nun die streunende Punkerin und Glamour Queen Faulenz*A geworden. Dementsprechend präsentiert sie sich im Booklet mit Rock und Make-up, dementsprechend handeln die Songs zu einem großen Teil von Schönheitsidealen, Männlichkeitswahn und Sexismus in der linken Szene, dem Mann-Sein-Müssen und Als-Frau-leben-Wollen, von gleichgeschlechtlicher, beziehungsweise queerer Liebe. Faulenz*A bleibt weiterhin linkspolitisch, singt über Staatsgrenzen und Staatsdienst, aber auch über die Schönheit eines Lagerfeuers, das Musizieren auf der Straße, von Gefühlen, die anklopfen, aber nicht rein gelassen werden. Dazu spielt sie auf diesem in ihrem Bauwagen eingespielten 13 Songs Akkustikgitarre und Mundharmonika, rappt mit Lena Stoehrfaktor, lässt sich auf Cello, Bratsche und Querflöte begleiten. Die Songs haben Charme und Wiedererkennungswert, geben viel Persönliches preis, wenngleich ich im Gegensatz zum ersten Album unter die Haut gehende Tracks wie „Tanzen" oder „Ideale" vermisse. Dennoch: Wie Faulenz*A in „Wow!" naiv-schüchterne Verliebtheit schildert und in „Dunkelste Nacht" dann doch auch seine/ihre dunkle Seite rauskramt, sollte Mensch sich schon angehört haben. Und das übrige Album natürlich auch. (8 von 10 Punkten) H.C. Roth"

FaulenzA – Mäuseanarchy

Ox fanzine 1/2013 (Februar/März) 25. Jahrgang
„Faulenz*A: Mäusenarchy CD/ 76:31

Faulenz*A aus Bochum hat eine Gitarre, ein Akkordeon, eine Mundharmonika und viel zu erzählen. Über die autonome Maus, über den Mann namens Ratte, der kein Geld hat, über ihr[x] Leben als „Streunende Punkerin", die keinen Alkohol braucht. Über ihre Ideale, ihren Veganismus. Hochpolitisch, manchmal auch nachdenklich, berührend. Manche Songs sind mit Cello unterlegt, allerlei Gäste mit dabei. Meine Faves unter den 20 Songs: das wunderschöne „Tanzen" und der treibende Quetschensong „Ratte". Anarchopunk braucht eben nicht immer Strom. (8 von 10 Punkten) H.C.Roth"

x Die Pronomen habe ich nachträglich geändert. Im Original wurden die männlichen Schreibweisen benutzt, denn damals wussten noch nicht alle, dass ich eine trans*Frau bin.

Ika Elvau

Inter*Trans*Express

Eine Reise an und über Geschlechtergrenzen

96 Seiten | 9,80 €

ISBN 978-3-942885-69-0

kollektiv sternchen & steine

Begegnungen auf der Trans*fläche

– reflektiert 76 Momente des transnormalen Alltags

128 Seiten | 9,80 €

ISBN 978-3-942885-12-6

Yori Gagarim

Let them talk

What genitals have to say about gender – a graphic survey

Comic book – in english

64 Seiten | 5,80 €

ISBN 978-3-942885-68-3

edition
assemblage

Silvia Federici

Aufstand aus der Küche

Reproduktionsarbeit im globalen Kapitalismus und die unvollendete feministische
Revolution

Aus dem Englischen von Max Henninger

Band 1

128 Seiten | 9,80 €

ISBN 978-3-942885-32-4

kitchen politics (Hg.)

Wofür wir kämpfen

Queere Politik und Communities of Care

Band 2

ca. 96 Seiten | ca. 9,80 €

ISBN 978-3-942885-70-6

kitchen politics (Hg.)

Sie nennen es Leben, wir nennen es Arbeit

Biotechnologie, Reproduktion und Familie im 21. Jahrhundert

Band 3

152 Seiten | 9,80 €

ISBN 978-3-942885-86-7

www.edition-assemblage.de

Kitchen Politics – Queerfeministische Interventionen

Kitchen Politics veröffentlicht Beiträge zu linken politischen Debatten zu queerfeministischen Themen oder Perspektiven. Wir wollen aktuelle Interventionen und eine radikale, bittersüße Kritik der Gesellschaft ermöglichen. Dabei bevorzugen wir die kleine und preiswerte Form für große und unbezahlbare Würfe: Bücher mit einem Thema und mehreren Texten und Bildern, in Form von Essays und Interviews, neuen Manifesten und historischen Dokumentationen, Intros und Outros – von Texten, die sich untereinander ergänzen, manchmal widersprechen und die Widerspruch provozieren wollen.

Kitchen Politics will klare Analysen und leidenschaftliche Kritik, befreit von der Korsage akademischer Seminare. Unsere Bücher sind klein, aber manchmal auch schwer, weil die Verhältnisse, die wir überwinden wollen, schwer zu durchschauen sind. Wir nennen sie Heteronormativität, Kapitalismus oder Patriarchat. Sie selbst nennen sich Normalzustand. Unser sonstiges Bedürfnis nach Abgrenzung hält sich in Grenzen. Kitchen Politics ist Teil einer internationalen und antinationalen, queeren und feministischen linken Szene und ist es zugleich leid, dass sich dort zu viel um sich selbst dreht. Die Szene ist nicht der alleinige Schauplatz, sondern der soziale und intime Ort, von dem aus wir die Gesellschaft als ganze infrage stellen und angreifen – um sie zu sozialisieren und zu

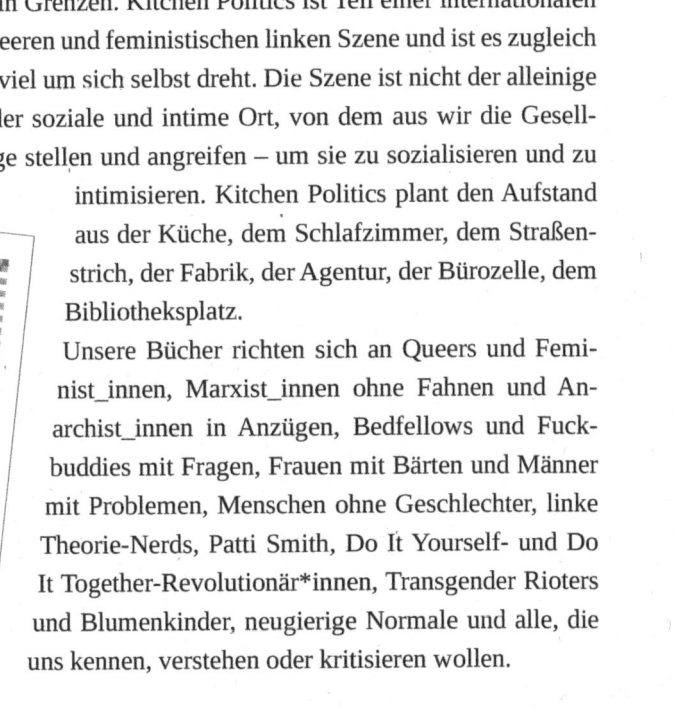

intimisieren. Kitchen Politics plant den Aufstand aus der Küche, dem Schlafzimmer, dem Straßenstrich, der Fabrik, der Agentur, der Bürozelle, dem Bibliotheksplatz.

Unsere Bücher richten sich an Queers und Feminist_innen, Marxist_innen ohne Fahnen und Anarchist_innen in Anzügen, Bedfellows und Fuckbuddies mit Fragen, Frauen mit Bärten und Männer mit Problemen, Menschen ohne Geschlechter, linke Theorie-Nerds, Patti Smith, Do It Yourself- und Do It Together-Revolutionär*innen, Transgender Rioters und Blumenkinder, neugierige Normale und alle, die uns kennen, verstehen oder kritisieren wollen.

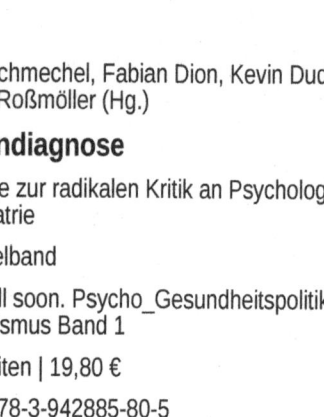